영어 독서는 타이밍이다

3살부터 7살까지
아이가 좋아하는 영어 그림책

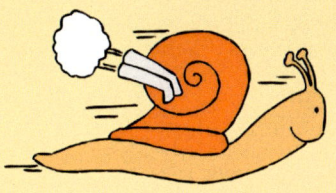

영어 독서는 타이밍이다

두 아들을 영어 천재로 키워낸 영어 독서법!

김은경 지음

북클로스

° 들어가며

엄마가 읽어주는 그림책을 귀 기울여 들을 시간

첫째 돌 때 시작했던 영어가 10년이 넘었습니다. 단순히 말하는 영어를 만들고 싶어 시작한 엄마표 영어가 10년을 훌쩍 넘었습니다. 긴 시간 진행하면서 벽에 부딪히는 순간이 고비마다 찾아왔습니다. 해결방법을 묻고 싶었지만 물어볼 곳이 마땅치 않았습니다.

첫 책을 출간하고 강연을 다니면서 많은 질문을 받았습니다. 하나도 낯설지 않은 질문들, 바로 제가 스스로에게 던졌던 질문들이었습니다. 예전이나 지금이나 엄마들의 고민은 진행중이었습니다.

- 어떻게 시작해야 할까요?
- 지금 이렇게 하는 것이 맞을까요?
- 언제까지 해야될까요?

언어라는 큰 카테고리는 끝이 없습니다. 그런데 엄마들은 성공과 끝, 완성에 집중합니다. 그래서 자꾸 학습을 생각하고 단계를 따집니다. 절대 만족할 수 없는 욕망의 계단을 오르다 지치게 됩니다.

외국어를 부담 없이 배운다는 것은 거짓말입니다. 우리는 6년을 배웠어도 영어가 어색한 세대입니다. 지금은 9년을 배우는데도 여전히 어색합니다. 이 어색함을 줄일 수 있는 가장 현명한 방법이 그림책입니다. 알파벳도 그림으로 받아들이는 것이 제대로 된 시작입니다.

- 그림책으로 할 수 있는 것이 무엇이 있을까요?
- 단어를 배우고 읽기 연습을 하는 것이 최선일까요?
- 책을 읽고 엄마와 영어로 질문하고 하루빨리 말을 연습하는 게 좋을까요?
- 학습에 대한 것은 접어두고 그냥 엄마랑 붙어서 그림책을 보는 것은 어떨까요?

아이들이 어릴 때 5년 넘게 봐왔던 그림책이 영어를 풍성하게 만들어 주었습니다. 문학적 감성을 키워주고, 표현을 풍부하게 만들어 주었습니다. 첫째는 자신의 생각을 분명하게 표현하는 에세이를 쓰고, 둘째는 위트가 있는 스토리를 만들 줄 알게 되었습니다. 처음부터 이런 결과를 바라고 시작했다면, 절대 도달하지 못했을 것입니다.

이 책에는 학습에 대한 이야기가 없습니다. 그림책에서 배울 수 있는 영어 표현도 싣지 않았습니다. 엄마와 할 수 있는 독서 후 회화 표현도 없습니다. 오로지 그림책이 가지고 있는 순수한 감성을 소개하고 그림책으로 할 수 있는 놀이를 실었습니다. 그림책의 본질은 공감에 있다고 생각합니다. 영어를 못하는 보통 엄마도 아이와 공감하고 느낄 수 있는 그림책 이야기가 실려있습니다.

책을 펼치다 마음에 드는 일러스트가 보이면 부담 없이 도전해 볼 수 있게 구성했습니다. QR코드를 삽입한 이유가 여기에 있습니다. 책 표지가 아니라 속도 보여드리고 싶었기 때문입니다. 다만, 아이들에게 영상만으로 책을 보여주지 마세요. 종이책의 효능은 디지털화된 영상보다 100배는 더 강력합니다.

책을 쓰다 막힐 때면 여전히 제 책장에 꽂혀있는 그림책들을 살폈습니다. 책마다 숨어있는 아이들과의 이야기가 떠올랐습니다. 책을 쓰는 동안 아이들도 원고를 보면서 자기들이 봤던 책이라고 아는 체를 했습니다. 우리는 책을 꺼내 보면서 다시 이야기를 시작하기도 했습니다.

아이에게 영어를 알게 해주는 것은 새로운 세상을 열어주는 것과 같다고 합니다. 새로운 세상의 문이 닫히지 않게 우리가 해야 할 노력은 크지 않습니다. 딱 붙어 앉아 그림책을 읽어주는 것입니다. 그렇게 자연스럽게 시작해보세요.

강연할 때 엄마표 영어를 해서 얻을 수 있는 유일한 장점은 '시간'이라고 말합니다. 엄마가 읽어주는 그림책을 귀 기울여 들을 시간이 많습니다. 사랑이 듬뿍 담긴 목소리로 아이와 그림책 읽기를 시작해 보세요.

저자 김은경

° 차례

004　　　　　들어가며

1장

힘 빼고 영어 시작

012　　　　　모든 언어의 시작, 듣기

017　　　　　나의 영어와 다른 아이의 영어

022　　　　　오해하지 마세요

029　　　　　고민하는 자체가 발전의 시작입니다

034　　　　　언어가 살아있다면

041　　　　　아이는 괜찮습니다

046　　　　　책은 다정한 친구입니다

052　　　　　책으로 흘려듣기

057　　　　　엄마 기준으로 한계를 만들지 마세요

062　　　　　책을 집으로 데리고 오는 방법

067　　　　　그림책의 수준을 알 수 있는 지수들

2장

주제별 그림책

074　　　　　포인트① 영어 그림책 종류

084　　　　　포인트② 그림책 어떻게 읽어줄까요?

088 _____ 포인트③ 반복의 마법

091 _____ Mother Goose , Nursery Rhyme

099 _____ 알파벳을 만나요

109 _____ 숫자에 관심이 생겼다면

121 _____ 수학의 기초 도형책

133 _____ 동물 그림책은 언제나 인기

144 _____ 무슨 색을 좋아할까요

155 _____ 시간의 흐름을 배워요

166 _____ 감성과 인성 그림책

177 _____ 논픽션의 시작

188 _____ 읽지 않아도 이해되는 그림책

3장 작가별 그림책 소개

200 _____ 포인트④ 이야기에 빠져요

204 _____ 포인트⑤ 쉽지 않은 것이 정상입니다

209 _____ 앤서니 브라우니(Anthony Browne)

216 _____ 에릭 칼(Eric Carle)

222 _____ 존 버닝햄(John Burningham)

229 _____ 줄리아 도널드슨 & 악셀 쉐플러(Julia Donaldson & Axel Scheffler)

236_____ 모리스 샌닥(Maurice Sendak)

243_____ 레오 리오니(Leo Lionni)

249_____ 에즈라 잭 키츠(Ezra Jack Keats)

255_____ 존 클라센 & 맥 바넷(Jon Klassen & Mac Barnett)

262_____ 닉 샤렛(Nick Sharratt)

269_____ 올리버 제퍼스 & 드류 데이월트(Oliver Jeffers & Drew Daywalt)

4장 특별한 리더스와 더 많은 그림책

276_____ 포인트⑥ 리더스도 그림책인가요?

280_____ Dr. Seuss의 리더스

283_____ Pete the Cat, Fly Guy,

287_____ Biscuit, Clifford

291_____ Little Critter, Froggy

295_____ The Berenstain Bears, Arthur

299_____ 포인트⑦ 레벨별 그림책 추천

301_____ 0점대 그림책 40권 추천

307_____ 1점대 그림책 40권 추천

313_____ 2점대 그림책 40권 추천

319_____ 3점대 그림책 40권 추천

1장

힘 빼고 영어 시작

#모든 언어의 시작, 듣기

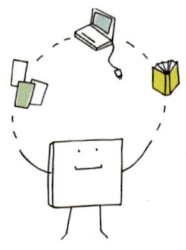

들어야 하는 이유

 청각은 엄마 뱃속에 있을 때부터 발달하기 시작합니다. 아기는 엄마의 얼굴을 보기 전에 목소리를 먼저 듣습니다. 뱃속에 있는 아기에게 말을 걸고 동화를 읽어주고 노래를 불러줍니다. 그 누구도 이런 모습 쓸모없다고 하지 않습니다. 엄마는 마음을 표현하고 아이의 편안함을 위해 교감을 합니다. 태어난 지 얼마 되지 않은 아기가 엄마의 목소리를 듣고 울음을 그치는 이야기는 흔하게 들을 수 있습니다.
 인생을 끝맺을 때도 청각은 가장 오래 남습니다. 마지막 인사를 나누고 눈은 감았지만, 귀에 대고 평안과 사랑과 안녕을 빕니다. 누군가의 마지막을 함께 하는 것은 사랑을 표현하는 가장 보통의 방법입니다. 떠난 사람을 추억할 때 목소리를 기억하는 것은 그 사람의 모든 것을 기억하는 것과 같은 그리움을 남깁니다.

듣기는 소통의 시작입니다. 듣지 않고서는 대답할 수 없고, 대화를 할 수 없습니다. 눈빛만으로 안다고 하지만, 말을 통해 생각을 표현해야 정확한 뜻을 알 수 있습니다. 말만 하고 듣지 않으면 소통할 수 없습니다.

문명을 만들고 사회를 발전시키면서 가장 필요한 것이 무엇이었을까요? 인간이 모여 살기 시작한 그 순간부터 서로 듣고 소통해야 했습니다. 의견을 교환하고 새로운 일을 시작하기 위해, 혹은 단순히 일상을 살아가기 위해 언어는 필요했습니다.

언어를 익힐 때 가장 중요한 것이 듣기입니다. 말하기가 먼저가 아니라 듣기가 먼저입니다. 서로의 다른 소리를 듣고, 이해하려는 과정에서 말이라는 것이 나왔을 것입니다. 처음 만난 사람끼리 몸짓으로만 소통하다 보면 불편한 상황들이 생깁니다. 그것을 해결하는 방법으로 언어라는 매개체가 발달했습니다. 서로의 소리를 듣고, 소리에 하면서 이해할 수 있다는 결론에 다다르게 됩니다.

듣기는 인간이 만든 모든 언어의 시작입니다. 새로운 정보를 받아들이고, 나의 의견을 피력하기 위해 먼저 들어야 합니다. 듣지 않는다면 소통이 아닌 불통을 겪게 됩니다. 인간이 소통하지 않고 고립되어 산다는 것을 상상할 수 있나요? 듣는 것은 선택의 문제가 아니라 기본을 갖추기 위한 필수 조건입니다.

모국어의 마법

이 세상에 존재하는 수많은 언어 중 가장 밀접하게 접하는 언어는 모국어입니다. 태어나기 전부터 들었던 소리는 태어난 후 깨어있는 시간을 빈틈없이 채웁니다. 자는 시간에도 무의식적으로 모국어는 아기의 뇌로 들어갑니다. 모든 것을 선명히 보게 되기 전까지 아기는 좁고 흐릿한 시야로 세상을 알아갑니다. 그때 아기의 판단을 도와주는 것은 바로 소리입니다. 소리 정보로 아기는 나에게 말하는 사람이 엄마라는 것을 인식하게 됩니다.

모국어는 영어로는 Mother Tongue, 즉 엄마의 혀에서 나오는 말입니다. 나를 잉태했던 사람이 쓰는 말이 모국어입니다. 아기의 주변 사람들은 모두 엄마와 같은 말을 일상에서 씁니다. 아기는 자기도 모르게 말들을 흡수합니다. 듣고 있는 아기에게 이해를 바라는 엄마는 없습니다.

엄마와 아기는 소통을 시작합니다. 엄마는 아기의 울음소리와 옹알이를 듣고, 아기는 엄마의 언어 중 반복되는 언어들을 잡아내기 시작합니다. 아기가 깨어있거나 졸리거나, 혹은 잠들어 있을 때도 이어집니다. 엄마는 아기가 잠들었다고 쉽게 노래를 멈추거나 책 읽기를 그만두지 않으니까요.

이 소통은 자연스럽지 않습니다. 서로의 말을 이해하지 못하니까요. 아기가 알아듣지 못한다고 말하기를 멈추는 엄마는 없습니다. 만약 멈춘다면 아기는 엄마의 말을 배울 방법이 없으니까요. 엄마가 포기를 하면 아기는 자신의 언어를 만들 수 없습니다. 이 과정은 힘들다고 하지 않고 자연스럽다고 표현합니다. 1년 가까이 엄마는 아무 생각 없이 아기에게 말을 걸 뿐입니다. 어깨에 힘을 주고 가르치는 것이 아닙니다.

듣기만 하던 시기가 지나고 옹알이를 시기가 찾아옵니다. 그리고 결국 '엄마'를 찾게 됩니다. 옹알이할 때부터 엄마는 그날을 기다립니다. 기다리는 시간 동안 글자 공부를 시키는 엄마는 없습니다. 그저 기다릴 뿐이지요. 아기는 이제 몸도 움직일 수 있어서 엄마는 아기를 쫓아다니며 시간을 보냅니다.

모국어의 마법은 지루하지 않은 기다림입니다. 아기는 말할 때까지 끊임없이 듣습니다. 엄마의 단어를 하나씩 알아듣고 감정을 표현하기도 합니다. 그런 과정을 거친 후에야 말할 수 있습니다.

이 과정은 단지 우리나라 아기들만 겪는 것이 아닙니다. 모든 나라의 아기들은 똑같은 과정을 겪습니다. 언어의 종류만 다를 뿐 모두 같은 시간이 걸립니다. 엄마의 말을 배우는 과정은 뻔합니다. 뻔하기 때문에 완벽한 방법이라는 것을 간과합니다.

언어를 배우는 태도

기본을 갖추지 않으면 언어를 절대 가질 수 없습니다. 반복과 지루함을 견디고 극복해야 다음 단계를 갈 수 있습니다. 우리 아이들이 어렸을 때 생각해 보세요. 아기에게 노래를 불러주고, 책을 읽어주면서 아이의 국어 수능 점수가 100점이길 바라셨나요? 토론 대회 나가서 1등 하기를 바라셨나요?

모국어를 들려준 것은 아이와 소통하기 위함이었습니다. 내가 사랑하는 나의 보물과 나의 감정을 나누기 위한 것입니다. 아이도 그런 마음으로 시작했기 때문에 말을 할 수 있는 것입니다. 내가 가장 사랑하는 엄마와 마음을 나누려면 엄마의 말을 배워야 합니다.

언어를 배움에 있어서 엄마의 방법을 따르는 것이 효율적입니다. 기본을 갖추는 시기에는 아이가 가장 사랑하고 따르는 여러분이 그 주체가 되는 것이 가장 좋습니다. 아이에게 아무것도 원하지 않고 엄마의 언어를 들려주었던 그 1년을 기억해 내세요. 어떤 마음으로 아이에게 말했나요? 어쩌면 전혀 기억나지 않을 정도로 평범하고 소소했을 그때의 마법이 아이가 언어를 습득할 수 있게 만드는 가장 중요한 열쇠입니다.

#나의 영어와 다른 아이의 영어

나의 영어

여러분의 영어는 어떤 모습인가요? 저는 중학교 입학하고 알파벳을 배웠습니다. 중학교 2학년 때에는 카펜터스, 비틀스 노래를 팝송으로 배웠습니다. 스펠링을 읊으며 단어를 외웠습니다. 파닉스는 전혀 몰랐습니다. 중고등학교 다니면서 여러분들도 사용했을 유명한 그 문제집들을 공부했습니다. 리딩튜터, 리더스 뱅크, 맨투맨 영문법, 성문 영어 등등으로 공부했습니다. 수능 점수는 어느 정도 나왔지만, 말은 못 하는 그런 보통의 영어를 가지고 있습니다.

80년대 앞뒤로 태어나 살아온 보통의 영어는 그런 모습입니다. 우리 시대에도 앞서가던 어머님들은 영어 회화도 배우고 유학도 가고 했겠지만 저는 지금 보통의 이야기를 하고 있으니 이해해 주시리라 생각합니다. 앞서가던 그 사람들의 모습을 볼 때 크게 부럽거나 하지 않았습니다. 그저 그들의 인생이겠거니 했습니다. 제 인생에 영어는 별로 필요가 없을 것으로 생각했으니까요. 살아가면서 영어가 필요한 적은 없었습니다. 외국을 나가보고 싶은 마음만 꾹 참는다면 별문제 없는 삶이었습니다.

저의 과거가 여러분과 달랐던 점은 학원 강사 일을 오랫동안 하면서 영어에 짓눌린 10대들을 계속 봐왔다는 것입니다. 지금은 공부의 방법에 대해 더 깊게 이해하고 받아들일 수 있었지만 20대의 젊은 저는 저와 똑같이 공부하는 아이들이 안타깝기만 했습니다. 외우고 잊어버리기를 반복하고 결국 말은 한마디도 못 하는 시험용 영어. 지금은 시험용 영어의 필요성도 알지만, 그때는 정말 답답해 보였습니다. 그때도 저에게 영어는 강 건너 불구경이었습니다.

저와 관계가 없던 영어는 첫째가 태어나면서 갑자기 저에게 가장 큰 고민거리가 됩니다. 엄마가 되면서 '영어' 고민하지 않는 사람이 얼마나 될까요? 태어나면서부터 고민하지 않더라도 학령기가 되고 3학년이 되고 중학교 입학을 앞두었을 때, 결국은 수능까지 영어 고민은 시작되고 끝이 없습니다. 이제 나의 영어는 나만의 영어가 아닌 내 아이의 영어가 되어 버립니다.

이 과정에서 어떤 선택을 하느냐가 중요합니다. 나의 영어를 그대로 답습할 것인가, 새로운 길을 찾을 것인가 하는 질문을 모두 한 번씩 던지게 됩니다. 새로운 방법을 시도하고 싶지만 두려움과 현실적인 상황 때문에 눈을 감는 경우도 많습니다. 제 20대 시절, 제가 지켜봤던 영어의 고인 물을 그대로 아이에게 넘겨주고 싶지 않았습니다.

지금, 이 글을 읽고 계신 분들, 저의 강연을 찾아와 주는 분들도 똑같은 마음일 것입니다. 과거에 배웠던 나의 영어를 거부하고 무시하는 것이 아닙니다. 새로운 길을 알아냈으니 같이 가주려는 지극히 순수한 엄마의 열정입니다.

내 아이의 영어

성빈이의 영어를 시작할 때 처음 생각했던 목표는 '의사소통의 자유로움'이었습니다. 제가 배웠던 영어의 최대 단점이었습니다. 다큐멘터리를 보면 외국의 아이들은 고등학교까지 졸업하면 영어를 그럴싸하게 구사하는데 우리나라는 공교육을 아무리 뒤집는다 하더라도 그런 일은 일어나지 않을 것 같았습니다.

영어에 대한 고민은 새로운 대안인 '엄마표 영어'에 초점이 맞춰졌습니다. 제가 하지 않았던 방법으로 아이의 영어를 시작했습니다. '의사소통의 자유로움'이라는 계획은 궁극적인 이상향이었을 뿐 가시적이지 않았습니다. 계획을 위한 작은 목표들을 만들어야 했습니다. 그 당시에 시간표를 만들고 하나하나 체크하지는 않았습니다. 그러기엔 너무 힘이 들었으니까요. 그저 별 방법 없이 매일 하던 일을 했습니다.

'언어로서의 영어' 얼마나 멋진 말인가요. 이 말은 말이 안 되기도 합니다. 영어는 이미 언어입니다. 듣고 소통하기 위한 수단이고, 새로운 정보를 얻기 위한 도구입니다. 과거의 학습용 영어와 다른 방향성 때문에 생겨난 그럴듯한 말입니다.

지금 제 아이들의 영어는 편안하고 자유롭습니다. 새로운 지식을 알아감에 있어서 영어와 한국어 어느 쪽으로 받아들여도 이해가 가능한 상황입니다. 하지만 이제 진짜 시작입니다. 아이는 배우기 시작한 지 겨우 10년 남짓 되었고 앞으로 배울 10년간의 지식이 지금까지의 지식보다 훨씬 높은 단계이기 때문입니다.

차곡차곡 쌓아왔어야 가능한 앞으로의 10년입니다. 아이의 영어를 시작할 때 이런 미래를 꿈꾸지 않았습니다. 오늘의 읽기 연습은 1년 후의 유창성을 보장하지만, 훈련의 지루함이 아이의 흥미를 꺾어놓을 수도 있었으니까요.

성빈이와 한빈이의 영어는 재미와 흥미에 초점을 두었습니다. 저의 영어는 재미있지도 않았고 저의 취향에 맞지도 않았습니다. 아이들의 영어는 달라야 했습니다. 어린 시절에 시작하는 만큼 내 마음에 들지 않는다면 질려버릴 것이 뻔했습니다. 중학교 때 시작해서 학습의 당위성을 아는 상태라면 이야기가 달라지지만 어릴 때 시작하는 영어는 그렇게 하면 절대 안 됩니다.

강요가 아닌 공감

성빈이와 한빈이는 영어를 별생각 없이 받아들였습니다. 뒤에서 엄마가 어떤 노력을 했는지 알지 못합니다. 아무렇지 않고 편안하게 받아들이려면 강요가 아닌 공감이 필요합니다. 그냥 눈앞에 있어서 보고, 내가 좋아하는 색깔이 들어있어서 읽고, 멜로디가 흥겨워서 노래를 부르고, 다 같이 춤을 춥니다.

모국어도 그렇게 배웠습니다. 딱 그 방법대로 우리말이 익숙해졌습니다. 단지 다른 점은 엄마가 쓰는 언어가 영어가 아니라는 것입니다. 엄마의 언어가 아닌 영어를 어떻게 습득했는지 의심하는 분도 많습니다. 우리말을 아이에게 알려주는 방법은 대화 말고도 많습니다. 모국어와 영어가 같이 크게 만들어 주어야지 따로 가면 안 됩니다.

영어와 모국어를 따로 두려고 한다면 어릴 때 배울 필요가 없습니다. 어릴 때 배우는 이유를 잘 생각해 보세요. 아이의 마음을 파고드는 멜로디는 영어나 모국어 어느 쪽으로 들어도 아이를 행복하게 해 줍니다. 나의 영어와 다른 영어를 만들고 싶다면 나의 영어가 어떤 점이 부족했는지 생각해 보세요. 그 부분을 바꿔서 적용하는 것이 바로 비법입니다.

오해하지 마세요

엄마표 영어의 목표

아이의 입에서 '엄마' 소리를 처음 들었을 때의 감격은 엄청납니다. 근 1년간의 혼잣말이 끝나고 눈빛이 아닌 말로 반응을 보이면 나의 모든 고생이 끝나는 느낌입니다. 아이가 엄마를 말하기 시작했으니 이제 우리는 한글 공부를 준비해야 합니다. 손에 연필을 쥐어야 하니까 손아귀 힘도 키워줍시다. 한글 학습지는 무엇이 좋은지 검색 들어갑니다.

"누가 모국어를 그렇게 배워요?"
"그런 엄마가 진짜 있어요? 그렇게 하면 애 망칠 것 같은데요"

맞습니다. 어떤 엄마가 아이가 말을 시작했다고 학습을 시작하나요? 아이가 말을 하기 시작하면 아이와 소통하려고 노력하는 게 순서입니다. 아이의 눈빛을 한 번 더 보고 아이가 상황에 맞는 행동과 말을 하는지 지켜봅니다. 자연스럽고 부드럽게 말입니다.

이 이야기를 영어에 대입하게 되면 태도가 달라집니다. 영어 그림책을 보고 노래를 따라 부르기 시작하면 '알파벳'과 '파닉스'를 알려주려고 애를 씁니다. 모국어에는 그렇게 너그러운 엄마들이 영어에서는 돌변합니다. 너무 앞서가는 탓에 영어에 대한 흥미가 무너져 버립니다.

엄마표 영어를 시작한 이유를 생각해 보세요. 거창한 목표가 아니더라도 어떤 마음으로 시작했는지 되새기는 것이 중요합니다. 저는 단순 암기 후 잊어버리는 학습 영어의 방식이 싫어서 엄마표 영어에 발을 들였습니다. 그 후 목표를 점점 구체화했습니다. 말하는 영어를 만들기 위해 엄마표 영어를 발전시켰습니다.

여러분은 왜 엄마표 영어를 시작하셨나요? 제가 10년 뒤를 계획하고 시작했다면 실패했을 것입니다. 시작은 엄마 마음대로 할 수 있지만 발전은 아이가 스스로 해나가는 것입니다. 여러분의 마음가짐과 목표를 써 보세요. 그리고 3개월, 6개월 후 다시 보세요.

◆엄마표 영어의 시작 이유

◆엄마표 영어의 목표

엄마의 고생이 뭐가 어때서

사랑과 희생의 그 어딘가에 엄마는 서 있습니다. 희생은 고생과 고통, 고난과 연결되고 사랑은 희열과 기쁨, 축복을 포함합니다. 제가 했던 줄다리기는 희생 쪽이었습니다. 나는 왜 이렇게 힘들게 해야 하나? 누가 알아주나? 이런 불만을 토로한 적도 많습니다. 시간이 흐르고 나니 희생이 아니었습니다. 사랑하는 아이에게 기쁨을 주기 위한 행동은 고통과 고난이 아닌 축복이었습니다.

엄마표 영어를 한다고 하면 오해를 많이 합니다. '애를 잡는다.', '크면 다 알아서 할 거 괜히 시간 낭비한다.', '아들은 실패한다.' 등등의 이야기들로 해보지도 않은 사람들의 편견들이 공격합니다. 그런 이야기에 속상해하지 마세요. 편견과 비판은 결국 시기 질투가 시작입니다.

성빈이가 유치원에 입학할 무렵 우리가 사는 지역에는 엄마표 영어를 아는 사람도 잘 없었고 시도하는 엄마들도 없었습니다. 지역의 특성도 있었고요. 쓸데없는 일이라는 이야기까지 들었습니다. 나중에 한 달이면 다 배울 것을 미리 고생한다고요. 이제 와서 그분을 다시 만난다면 결과를 비교해보고 싶습니다.

엄마표 영어가 축복인 이유는 아이 맞춤으로 언어를 배울 수 있다는 점입니다. 아이에게 맞추는 것을 힘들어하고 싫어하는 엄마는 없습니다. 엄마들은 기저귀, 물티슈 하나도 아무거나 쓰지 않습니다. 간식을 고를 때도 마찬가지입니다. 그렇다면 내가 조금 더 귀찮고 힘든 대신 아이가 즐겁게 습득할 수 있다면 더 바랄 것이 없게 됩니다.

졸린 눈 비비면서 정보를 검색하고, 어깨가 빠지게 도서관 책을 나르고, 코팅한 단어 카드를 남편과 같이 자르면서 우리 아이들의 영어는 자랐습니다. 어디에도 우리 아이에게 맞춰 나오는 커리큘럼은 없습니다. 내가 만들어야 내 아이의 커리큘럼이 됩니다.

강의할 때 늘 드리는 말씀이 있습니다. 아이가 책과 친해지게 하는 것은 엄마의 의무라고요. 삶에 대한 바른 태도를 만들어주는 것이 가장 큰 역할이라면 그것을 도와주는 책에 대한 책임도 있다고 봅니다. 나를 지우고 아이에게 몰입하라는 것이 아닙니다. 내가 세상에 데려온 나의 아이에게 최소한의 의무는 다하자는 것입니다.

엄마표 영어 실천하는 어머님들, 자신을 불쌍하게 보지 마세요. 제가 그랬던 엄마입니다. 시간이 지나고서야 그것이 맞는 길임을 깨달았고 여러분에게 말씀드립니다. 결국은 우리가 웃게 됩니다. 시작할 때 겁먹지 마세요.

어깨에 힘 빼고 영어 시작

　무엇인가를 시작할 때 우리는 장비를 먼저 생각합니다. 새로운 장비들을 다 갖추고 이론서를 독파하고 시작하는 분들이 많을 것입니다. 그렇게 준비하고 시작해도 실패하기 마련입니다. 저에게는 요리가 그런 영역이었습니다. 도대체 노력해도 늘지 않는 요리! 그런 제가 올해 겉절이 만들기에 성공했습니다. 아무 생각 없이 유튜브 채널을 보면서 만들었습니다. 실패하면 신김치 만들어야지 뭐! 이 생각으로요. 말도 안 되게 성공했고 아이들이 찾게 되는 엄마의 요리가 되었습니다.

　엄마표 영어를 시작할 때 세트로 갖춰야 한다고 생각하게 됩니다. 수백만 원이 넘는 전집도 많고, 좋다고 하는 것은 가격이 꽤 높습니다. 옆집 누가 좋다고 하고, 상을 받았으며, 필수라는 말이 붙으면 고민합니다. 이 고민의 결론은 실패로 끝납니다. 기준이 우리 아이가 아니기 때문입니다.

　어깨에 힘을 빼라는 말은 장비를 갖추기 전에 아이의 마음을 살펴야 한다는 말입니다. 아이가 좋아하는 것을 알아낸 후에 장비를 갖추는 것이 맞습니다. 엄마표 영어의 장비라고 한다면 책, TV, DVD플레이어, 아이패드, 휴대용 DVD플레이어, 음원 인식 펜, 코팅기, 제본기 등등이 있겠지요. 이것들을 다 갖추고 시작할 필요가 없습니다.

　영어를 시작해도 되는 시기는 아이가 정합니다. 엄마가 사들인 전집에서 시작하지 않습니다. 어렸을 때 자기 의사가 분명하지 않은 시기에 좋은 음악을 들려주고 책을 읽어주는 것은 엄마의 선택이지만 그 이후는 아이의 선택이라는 것을 잊지 마세요.

엄마가 어깨에 힘주고 영어를 진행하면 아이의 부담감이 너무 커집니다. 그러면 영어 거부가 오게 됩니다. 아무리 좋은 것들을 준다고 해도 아이가 싫어하면 그것으로 끝이 납니다. 나의 열정이 욕심이 아닌지 되짚어 보세요.

제 아이들이 지금까지 영어를 싫어하지 않는다는 것만으로도 저는 성공했다고 할 수 있습니다. 저도 잘 모르는 영어를 저보다 더 잘하는 아이들을 보면서 신기한 것이 사실입니다. 무엇인가 배우기 시작할 때 우리는 선생님께 힘 빼라는 말을 가장 많이 듣습니다. 힘을 주면 근육이 제대로 움직이지 않습니다. 아이의 영어 근육을 키우고 싶으시다면, 힘 빼는 방법부터 익히셔야 합니다. 장비가 아닌 아이의 취향과 마음을 먼저 살펴주세요.

고민하는 자체가 발전의 시작입니다

엄마들이 늘 하는 고민

강연을 끝내고 나면 어머님들의 질문을 받습니다. 제가 했던 고민을 그분들도 똑같이 하는 것을 보면서 제대로 된 엄마표 영어를 진행하는 분들이 많아졌구나! 합니다. 어머님들이 하는 가장 큰 고민은 바로 이것입니다.

"제가 제대로 하는 것이 맞나요?"

'제대로'의 정의는 무엇일까요? 엄마표 영어에 하나의 정의가 필요한가요? 우리 세대는 '정답'에 길들어 있습니다. 어릴 때부터 지금까지 정답을 맞히는 교육을 받았고 우리 아이들도 그 틀에서 많이 벗어나지 못하고 있습니다. 무엇을 시작하면 정답을 찾아내려고 애씁니다. 모든 길이 정해져 있다면 편하겠지만 정답은 따로 존재하지 않습니다. 엄마표 영어는 답이 아닌 방향과 방법을 찾는 여정입니다.

위의 질문은 나의 방법이 틀릴지도 모른다는 전제에서 시작합니다. 틀렸다는 것은 옳지 않다는 것입니다. 엄마표 영어에 틀린 것은 없습니다. 아이와 맞지 않는 것만 있을 뿐 맞고 틀린 것은 없습니다. 유명한 선생님들의 책이 정답일까요? 전문가들이 만든 수많은 스터디들이 정답일까요? 어디에도 정답은 없습니다. 그중에서 우리 아이에게 맞는 보석을 찾아내는 것이 바로 고민의 주제입니다.

"고민하고 있다는 것 자체가 발전하고 있다는 증거에요."

선택의 갈림길에 서 있을 때 고민하는 것은 당연합니다. 오늘 가지고 온 책을 아이가 싫어하면 이것을 다시 언제 읽힐까 고민하는 것이 틀린 것인가요? 오늘 안 읽으면 나중에 읽자고 하는 것이 포기하는 것인가요? 엄마표 영어, 아니 육아하다 보면 끝도 없는 선택의 갈림길에 서게 됩니다.

엄마표 영어는 정답을 찾아가는 것이 아닙니다. 우리 아이 맞춤으로 가는 길입니다. 고민하고 선택하고 변경하면서 영어는 점점 우리 아이 맞춤으로 발전하게 됩니다.

오늘 했던 선택을 후회할 수도 있습니다. 그 후회가 나중에는 기회가 되기도 합니다. 가뭄에도 샘물이 마르지 않는 것은 땅속을 흐르는 물이 멈추지 않기 때문입니다. 눈에 보이지 않아도 물은 흐르고 있습니다. 아이의 샘을 마르지 않게 해 주세요. 그러기 위해 고민하는 것입니다.

생각이 없으면 발전이 없습니다

　돈으로 교육이 완벽해질 수 있다면 어떨까요? 돈으로 모든 것을 할 수 있는 세상이지만 자녀 교육은 돈이 전부가 아닙니다. 단순히 학업을 발전시키기 위한 지식을 쌓는 과정이라면 돈이 큰 역할을 합니다. 수업료부터 차이가 나니까요.
　교육은 돈으로 완벽해질 수 없습니다. 사람은 기계가 아닙니다. AI라면 이야기가 달라지지만, 사람됨은 지식으로만 채워지지 않습니다. 수백만 원짜리 영어 유치원을 다녀도 엄마와 그림책을 읽지 않는다면 언어적 감수성은 발달하기 힘듭니다. 학원 강사가 아이의 마음을 다 알아줄 것으로 생각하나요? 나와 똑같은 눈 맞춤을 사교육의 강사가 해 줄까요?
　언어를 배우는 것은 단순히 활자를 배우고 독해하는 과정이 아닙니다. 엄마표 영어의 가장 큰 틀은 언어의 기본을 배우는 것과 같습니다. 기본적인 소통으로 시작해 공감하고 아이의 생각을 키우는 역할을 합니다.
　생각이 없는 아이의 미래는 어떨까요? 사회 이슈에 대해 내 생각을 말할 줄 모르고, 타인에 대해 생각할 줄 모르는 아이는 돈은 잘 벌지 모르나 인생이 따뜻할 수는 없습니다. 여러분이 하는 엄마표 영어는 영어 실력 향상만을 위한 것이 아닙니다. 아이들의 마음을 같이 공감하고 소통하는 과정을 통해 사람됨을 만들 수 있는 과정입니다.

단순히 영어를 '가르치는' 것이 아니라 언어를 습득하는 과정에 동참하는 일입니다. 새로운 세상 하나를 더 열어주는 멋진 일입니다.

고작 집에서 영어 가르치는 일이 아닙니다. 우리 아이를 위해 시작한 일이지만 결국 사회를 위해 하는 일이기도 합니다. 육아와 엄마표 영어는 그렇게 대단한 일입니다. 나의 욕심을 채우는 일이 아닙니다. 생각하고 사고를 발전시키는 일이라는 것 명심하세요.

보통 엄마의 위로

저는 여러분들이 했던 고민의 10배는 더 했던 사람입니다. 매일 영어를 진행하면서도 맞는지 늘 질문하고 답을 찾으려 했던 그런 보통 엄마입니다. 10여 년 전만 해도 저는 여러분들과 똑같았습니다. 5년 전까지도 고민은 끝이 나지 않았습니다.

아이의 영어가 발전을 계속할 것이라는 확신을 가지기 시작한 것이 얼마 되지 않았습니다. 어리석게도 매일 영어를 진행하면서도 미래를 고민하고 있었습니다. 자연스럽게 해결될 모든 것들을 걱정하고 답답해했습니다.

보통 엄마는 그렇습니다. 우리의 상식은 보통이고 사회적으로도 보통의 힘을 가지고 있습니다. 별것 같지 않아 보이시죠? 가장 무서운 것이 보통입니다. 보통의 엄마는 늘 하던 일을 진행하는 힘이 있습니다. 너무 잘나지 않았기 때문에 좋은 조언에 귀를 기울일 줄 알고 실패하면 다시 시도할 줄 압니다. 거만하지 않고 배려할 줄 압니다.

엄마표 영어를 진행하기로 마음먹기까지 큰 결심이 필요하셨을 수도 있습니다. 아니면 저처럼 생각 없이 시작하셨을 수도 있어요. 어떤 시작도 좋습니다. 아이를 위한 가장 좋은 방법을 선택했으니까요. 이제 지속하기만 하면 됩니다. 보통 엄마의 힘으로요.

10여 년의 터널을 뒤로하고 이제야 보이는 것들이 있습니다. 아이와 함께했던 시간은 그것만으로도 충분한 가치가 있습니다.

여러분은 엄마가 해 줄 수 있는 가장 큰 것을 아이에게 해 주는 중입니다. 모국어가 아닌 새로운 언어를 만나게 해 주는 것은 엄청난 일이라는 것을 꼭 기억하세요. 우리가 매일 하는 일이 아무도 하지 못하는 결과를 만들어 냅니다.

언어가 살아있다면

죽은 언어와 살아있는 언어

언어는 왜 생겨났을까요? 글자는 없을 때도 말은 존재했습니다. 소통을 위한 기본이 언어입니다. 멀리 보자면 구석기 시대, 어쩌면 더 오래전일 수도 있는 이야기입니다. 인간과 인간이 만나서 자기 생각을 표현할 때 처음부터 언어가 필요하지는 않았을 것입니다. 동물들의 소리도 소통의 수단이 되니까요. 그럼, 소리가 아닌 언어는 왜 필요할까요? 우리가 아기를 키우면서 굳이 왜 동물의 본능이 아닌 인간의 말을 들려주고 소통하려고 노력하는지 생각해 보면 이해가 쉽습니다.

사람이 모여서 살면서 무리를 존속시키기 위해 서로가 하는 행동의 의미를 맞춰야 하는 일들이 생긴 것입니다. 처음 만난 인간끼리 같은 표현을 쓰지 않았을 것입니다. 각자의 방법으로 표현했지만 결국 하나로 만나야 합니다. 소통이라는 것은 이기는 쪽의 표현을 선택하거나 혹은 서로 양보해서 반반 선택하거나 반드시 규칙과 약속이 필요했을 것입니다.

인간 세계의 확장이 동물을 지배하게 했고 가장 큰 역할을 한 것이 불과 언어입니다. 동물을 이길 수 있는 무기인 불과 협력할 수 있는 최적의 소리인 언어가 만나면 아무리 진화를 많이 한 동물들도 인간을 이길 수는 없으니까요.

언어는 살기 위한 생존 수단이었습니다. 구석기의 어둠이 지나고 정착 생활을 하게 되면 더더욱 같은 말을 써야 효율적인 사회를 만들기 쉽습니다. 그래야 자신들이 최고라고 생각하는 문명을 발전시킬 수 있습니다. 언어는 이처럼 생생하게 날 것으로 살아 있어야 합니다.

우리나라에는 '죽은 영어'가 존재합니다. 죽었다면 사라져야 했는데 여전히 살아있습니다. 대화 속에서 소통을 위한 언어가 아닌 공부를 위한 영어를 흔히 '죽은 영어'라고 표현합니다. 저도 학문만을 위한 영어에 대한 고민이 아주 많았습니다.

영어는 잘못이 없습니다. 한국식 영어, 미국식 영어 이 구분은 '말하기' 능력이 들어 있고 없고를 구분하는 방법의 하나입니다. 말을 할 수 없는 '한국식 영어'를 필요 없고 쓸데없는 것으로 치부하는 경우가 많습니다. 언어의 기본인 '말하기'가 되지 않는 학습 방법에 대해 비판합니다.

저도 당연히 그런 영어 교육을 받은 사람입니다. 엄마표 영어를 오래 해오면서 영어를 다시 보기 시작했습니다. 언어를 쓸데없이 구분하고 편을 가른 사람들과 사회의 구조적 문제이지 한국식 영어가 비난받을 이유는 없습니다. 한국식 영어가 죽었다고 할 수만은 없습니다. 학교 교육으로만 말하기를 못 한다면 말하기 시수를 늘려야 하는 데 그 역할을 학원에서 해버리는 것이 문제입니다.

우리나라 모든 엄마들은 알고 있습니다. 공교육에서 무엇인가를 바꾸려고 하고 고치려고 하면 사교육이 더 발 빠르게 움직인다는 것을요. 사교육이 문제라는 말이 절대 아닙니다. 사교육은 필요한 부분을 채워 줄 수 있는 고마운 존재입니다. 공립학교에서 사립학교의 교육을 할 수 없는 것은 당연하니까요.

죽은 영어, 살아있는 영어는 없습니다. 한국식 영어, 미국식 영어도 없습니다. 내 아이를 위한 영어 목표와 기준을 세우실 때 언어 자체만 보셔야 합니다. 언어의 근본적인 목적인 의사소통은 한국식 영어, 미국식 영어 위에 모두 존재합니다. 모든 길을 가야 채워집니다.

왜 책을 읽나요?

여러분은 책을 왜 읽나요? 아이의 책 말고 엄마 책 이야기입니다. 여러분도 육아 전문 서적에 빠졌던 시기가 있을 것입니다. 임신 후 출산 2년 차까지 딱 그 시기였습니다. 다큐멘터리부터 유명한 전문가들의 책, 저는 아들만 둘이라 아들 전문 책까지! 사놓고 읽지 않은 책들도 많았습니다.

엄마표 영어를 시작할 때는 이 분야의 책들을 읽었습니다. 새로운 분야를 시작할 때 직접 경험도 중요하지만 결국 책을 통해 나의 길을 찾는 것이 가장 빠릅니다. 전문가들의 강연은 그 후에 접하는 것이 효율적입니다. 내 머릿속에 아무런 그림이 없는데, 전문가의 강연이 도움이 될 리 없습니다.

언어가 소통을 위한 도구였다면 책은 차별을 위한 도구였습니다. 문자를 아는 사람이 거의 없었고 책은 정보의 절대 권력이었습니다. 서양은 인쇄술이 개발되고 나서 문자가 많이 퍼졌습니다. 문자의 대중화는 서민들의 수준을 올려주고 사회 전체의 발전을 만듭니다. 지배층이 독식하려던 정보를 일반인들이 공유하면서 결국 시민사회의 시작까지 이르게 됩니다. 우리나라의 경우는 반대였다는 것을 너무 잘 아실 것입니다. 정보라는 것은 그만큼 무서운 것입니다. 나눠 갖는 순간 내 권력이 무너질 수도 있는 그런 것입니다.

현대는 모든 사람이 평등하고 정보를 공유합니다. 이런 시대에도 정보 불균형이 존재합니다. 바로 정보를 얻는 자유 때문에 오히려 귀한 줄을 모르는 것입니다. 책을 읽으면 쉽게 얻을 수 있는 내용들도 읽지 않습니다. 더 편한 수단을 찾고, 그것이 쉽지 않으면 하지 않으려고 합니다. 모두에게 동등한 재료를 주고 만들기를 하라고 했을 때 어떤 사람이 더 좋은 결과를 낼지는 너무 뻔합니다.

책으로 언어를 공부하는 것도 같은 이유입니다. 언어의 발전 과정을 아는 사람은 더 효율적으로 학습할 수 있습니다. 언어의 발전 과정을 대학교 전공 수업에서 들어야 하는 것이 아닙니다. 도서관에서 검색 몇 번이면 수많은 전문가의 책들이 나옵니다. 그것을 읽느냐 읽지 않느냐의 선택입니다.

　책을 읽는 것은 단순히 지식을 위해서가 아닙니다. 가장 효율적인 방법이기 때문에 책을 읽는 것입니다. 오프라인 강의를 몇 주씩 듣고 유명한 스터디를 참여하는 방법을 선택하기 전에 책을 읽으세요. 책을 읽는 것이 능동적인 행동의 시작입니다. 강의를 듣고 스터디를 수행하는 것은 수동적인 태도라는 것을 잊지 마세요. 내가 선택한 강의와 스터디이지만 내가 계획한 것이 아닙니다. 언제까지 따라가기만 할 것인가요? 아이의 영어는 아이와 내가 만들어가야 합니다.

　강의와 스터디를 능동으로 바꾸려면 시작하기 전에 책을 읽으세요. 내 안에 기본적인 것들이 바탕이 되어야 아이의 영어 계획을 발전시킬 수 있습니다. 질문만 하는 태도로는 성장할 수 없습니다. 단단한 바탕을 먼저 깔고 정확한 질문을 던지세요. 어떤 전문가도 진심이 들어있는 질문을 무시하지 않습니다.

언어의 의인화

언어가 사람이라고 생각해 봅시다. 갓 태어난 언어는 우는 것밖에 할 줄 모릅니다. 나의 보살핌으로 눈 맞춤을 하고 뒤집기도 시작합니다. 스스로 앉을 수 있게 된 언어는 이제 걸으려고 합니다. 옹알이를 시작하고 침을 질질 흘립니다.

언어를 빨리 키우려면 어떻게 해야 하나요? 밥을 왕창 먹여서 우량아를 만들면 빨리 클까요? 걸음마 시작할 때 특별 훈련을 시켜서 달리기 선수를 만들까요? 옹알이 과외를 시켜서 엄마라는 말을 다른 애들보다 빠르게 말하게 할까요?

여러분의 언어는 잘 자랐습니다. 소통하기에 불편함이 없고 성인이 읽는 책을 읽을 수 있습니다. 신문 사설을 읽고 비판할 수도 있고 토론할 수도 있습니다. 몇 살 때 가능했나요? 언어 능력이 몇 살 때 완성이 되면 만족할까요?

언어를 사람으로 생각하면 모든 것이 분명해집니다. 내가 지금 무엇에 집중해야 하는지 무엇을 욕심부리고 있는지 확연하게 보입니다. 언어는 절대 속임수가 통하지 않는 영역이기 때문입니다.

아이가 우리말 표현이 서툴다면 대화를 더 많이 하는 것뿐 방법이 없습니다. 표현이 서툰 아이를 논술학원에 보내거나 어휘 교재를 풀게 하는 것이 답은 아닙니다. 엄마의 표현력이 서툴면 아이가 배울 것이 없습니다. 아이의 언어가 힘들다면 엄마의 언어를 점검해야 하는 것입니다.

엄마표 영어를 진행하면서 스스로를 객관화하기 어렵습니다. 내가 주인공이 되어 작품에 출연하고 있지만 나를 화면 밖에서 볼 줄 알아야 합니다. 나의 언어와 아이의 언어를 의인화 시켜보세요. 지금 해야 할 것과 하지 말아야 할 것들이 선명해집니다.

아이는 괜찮습니다

엄마의 마음이 편해야 합니다.

 강연하면서 만난 엄마들이 공통적으로 가진 감정이 있습니다. 조급함과 불안함입니다. 솔직히 저 또한 늘 품고 있는 감정입니다. 담대한 어른이 되어야겠다고 마음먹지만, 아이에 대한 것들은 그렇게 되지 않는 것이 사실입니다. 아이의 육체적 성장을 '쓸데없이' 걱정하시던 때가 있습니다. '~하지 못하면 어쩌지?'로 정리되는 걱정 시리즈는 아이가 무엇인가 새로 배울 때마다 엄마의 마음 한편에 자리 잡습니다.
 '천천히 가도 괜찮아요.'라는 말 안에는 아이의 속도가 느리다는 전제조건이 들어있습니다. 아이는 아이의 속도대로 발전합니다. 속도는 상대적입니다. 빠르거나 느리다는 판단은 결국 비교에서 오는 것입니다.
 영어 동요를 듣는 아이에게 Ted ed를 들려주는 것은 말이 안 됩니다. 굳이 말하지 않아도 말이 안 된다는 것을 알고 있습니다. 반면에 알파벳을 조합해 단어 하나를 읽으면 바로 학습을 시작하는 엄마들이 많습니다. 그러고는 질문합니다. '왜 우리 아이는 못 읽는 것일까요?'라고요. 아직 때가 되지 않았다고 더 기다리라고 하면 시기가 언제 오냐고 되묻습니다.

하나의 언어를 온전히 내 것으로 만든다는 것은 기적과도 같은 일임을 잊지 마세요. 아이들이 세상에 태어나 하는 모든 성공은 고작 한두 번의 연습으로 만들어진 것이 아닙니다. 습득하는 과정이 시간은 필수입니다.

매일매일 아이는 자라고 있지만 가까이에 있는 엄마는 자라는 모습을 인식하기 어렵습니다. 저는 영어의 단계를 확장해 갈 때 1년 뒤를 생각했습니다. 1년 뒤에는 나아 있겠지, 1년 뒤에는 조금 더 커 있을 거라고 말입니다. 1년이 너무 길다면 3개월 단위로 쪼개서도 됩니다.

전작에서도 말씀드렸지만, 엄마표 영어의 가장 큰 배경은 엄마입니다. 아이가 보는 세상의 전부가 엄마라면 엄마는 그 자체로 배경이 되어주어야 합니다. 이왕이면 태풍이 불며 천둥 번개가 치는 여름밤보다는 살랑살랑 봄바람 부는 언덕이 되어주세요. 내 마음 따라 아이들의 영어도 따라갑니다.

아이는 즐거울 뿐입니다

　엄마표 영어를 시작한 이유는 다양합니다. 엄마들은 제각각의 목표와 목적으로 엄마표 영어를 시도합니다. 그 목표는 더 커지기도 하고 방향이 바뀌기도 합니다. 그렇다면 아이는 왜 영어를 하는 것일까요?
　영어를 비롯한 모든 학습은 '엄마가 시작점입니다. 엄마에게 칭찬 듣고 싶어서, 엄마의 시선이 나에게 집중되기를 바라면서 시작합니다. 엄마 때문에 시작하는 것에 대해 죄책감을 가질 필요는 없습니다. 아이들은 아직 어려서 무엇이 자신의 흥미인지 알 수가 없습니다. 엄마의 마음에 들기 위한 목적이야말로 새로운 것을 배울 때 두려움을 없애주는 마법 카드 같은 역할을 합니다.
　처음 시작의 어색함과 불편함을 이기게 해주는 것이 바로 엄마에 대한 사랑입니다. 엄마한테 칭찬 들으려고 시작했는데 생각보다 재미있습니다. 영어 동요도 불러보니 신납니다. 그렇게 아이들은 즐거워야 합니다.
　엄마의 사랑으로 시작된 배움은 아이들의 즐거움으로 옮겨가야 합니다. 그리고 더 크게 되면 즐거움을 바탕으로 어려운 단계를 버티게 되는 것입니다. 정서가 안정된 아이라면 엄마의 말을 받아들이고 새로움에 도전하는 것이 지극히 정상입니다.
　여기서 즐거움은 본격적인 발전단계에 가기 전까지라는 것을 아셔야 합니다. 모든 학문은 즐거움과 호기심에서 시작하지만, 단계가 올라갈수록 당연하게도 심오함이 추가가 됩니다. 초등학교 고학년이 즐겁고 재미있게 공부한다는 것은 말이 되지 않습니다. 공부는 그럴 수가 없습니다. 즉, 본격적인 공부의 세상에 들어가기 전 지식 탐구의 시작은 즐거울 수 있도록 해 주세요. 즐겁게 시작해야 어려움에서 무너지지 않습니다.

좋은 기억을 남겨야 합니다

영어에 대한 꾸준한 투자는 결국 결과를 만들어 냅니다. 우리가 이때 행복했었다는 추억은 단지 여행 사진 속에서만 찾을 수 있는 것은 아닙니다. 그림책 한 권의 역사도 수많은 추억을 만들어 냅니다. 엄마의 목소리로 들었던 내용을 스스로 읽게 되었을 때, 추억을 이야기할 수 있습니다. 그리고 수년이 흘러도 그때의 이야기를 하면서 그림책을 또 보게 됩니다.

성빈이가 처음 썼던 10줄도 안 되는 에세이를 보면서 추억을 되새깁니다. 10년이 지나도 우리 가족은 그 이야기를 하겠지요. 게다가 몇 년 전의 서투른 에세이가 둘째 한빈이에게 글을 쓰고 싶다는 마음이 들게 합니다.

기억의 힘은 무섭습니다. 영어에 대한 기억을 좋게 만들어 주세요. 강의하다 보면 영어 거부에 힘들어하는 엄마들을 많이 봅니다. 거부가 이미 찾아와 버린 아이들은 회복하기가 힘듭니다.

나의 정성이 아이에게 독이 되었을 때의 마음은 말로 할 수가 없습니다. 시야를 넓게 가지고 아이가 원하는 것이 무엇인지 천천히 생각해야 합니다. 엄마표 영어를 시작한 것은 엄마이지만 결국 아이가 해야 하기 때문입니다. 억지로 절대로 할 수 없습니다. 멋모르고 시작한 영어를 계속 좋아하게 만들려면 좋은 기억을 만들어 주세요.

아이가 좋아하는 동화책을 찾고 노래를 찾는 것을 힘들다고 생각하지 마세요. 당연히 엄마가 해결해야 하는 일입니다. 엄마표 영어를 시작하려고 계획을 세운 것은 바로 엄마니까요.

하루하루 좋은 기억을 쌓아가다 보면 그때 생긴 즐거움으로 다음의 어려운 단계를 극복하게 됩니다. 이 단계가 넘어가면 또 얼마나 좋겠냐고 생각하게 됩니다. 아이조차 과정을 즐기게 되고 결국 원하는 결과를 얻게 됩니다.

#책은다정한친구입니다

그림책이 엄마에게 주는 위로

책의 존재 이유를 대자면 수십 가지가 넘습니다. 잔소리로 느껴질 정도로 책은 좋은 것이 맞습니다. 여기서 다른 이유는 뒤로하고 엄마에게 주는 위로에 관해 이야기하려고 합니다.

육아가 적성에 잘 맞고 전혀 힘들지도 않고 행복에 차 있는 엄마들도 있겠지요. 하지만 보통 엄마들의 육아는 한 번의 행복과 아흔아홉 번의 힘듦이 공존합니다. 태어나서 한 번도 겪어보지 못한 부담감이 출산과 동시에 나를 짓누릅니다. 임신 기간 동안 그렇게 머리와 마음으로 시뮬레이션을 돌렸지만, 현실은 하루하루 버티기의 연속이라고 할 수 있지요. 자는 시간을 줄이고, 밥 먹을 시간이 사라졌습니다. 육아의 난이도가 아이마다 다른 것은 맞지만 기본적으로 아무것도 모르는 작은 생명의 숨이 꺼지지 않게 키우는 것은 엄청난 일인 것은 분명합니다.

그 와중에 '책'을 읽어줍니다. 아이에게 말을 걸고 노래를 불러주는 것과 같이 책도 읽어줍니다. 그 책들은 단순히 아이들에게 글을 가르쳐주기 위해 읽는 것이 아닙니다. 엄마의 목소리로 아이에게 줄 수 있는 정보는 모두 전달해 주는 소중한 도구입니다.

육아가 엄마를 힘들게 할 때 어떻게 스트레스를 푸시나요? 저는 둘째가 심각한 아토피여서 아이와 한시도 떨어져 있을 수 없었고, 두고 외출할 수도 없었습니다. 그렇게 숨이 막힐 정도의 막막함이 있을 때 그림책에 위로받았습니다.

그림책은 말이 없습니다. 아니, 오히려 말이 정말 많습니다. 앞표지부터 뒤표지까지 하고 싶은 말들이 많아 재잘거리지만 귀찮거나 싫지 않았습니다. 아이에게 읽어주다가 울기도 하고 웃기도 하면서 답답함을 해소하기도 했습니다.

육아의 힘듦은 누가 해결해 주지 못한다는 것을 잘 알고 있기에 그림책이 주는 위로는 소중했습니다. 나의 상황을 드러내 보이기도 싫던 그때, 따뜻한 색깔과 포근하고 사랑스러운 그림들은 잠시나마 편안하게 해 주었습니다.

엄마표 영어는 아이만을 위한 방법이 아닙니다. 아이의 취향을 찾아주며 엄마의 감성 또한 채워집니다. 전혀 새로운 세상으로 길이 열리기도 합니다. 아이를 위해 책을 읽어준다는 핑계를 대지 마세요. 책이 주는 위로로 내 마음이 더 다독여지기도 한답니다.

아이가 읽는 책 중에 10분의 1은 엄마에게도 무조건 다가옵니다. 어린 시절에 책이 없었다 할지라도 엄마가 된 나의 인생에는 책이 들어갈 수 있습니다. 엄마표 영어를 진행하면서 마음이 힘들 때, 그림책 한 권이 나를 일으켜 세워줍니다. 책이 내미는 손길을 뿌리치지 마시고 소중히 잡아주세요. 엄마에게도 아이에게도 그 책은 평생 잊지 못할 추억이 됩니다.

애착 그림책 한 권의 힘

아기들이 자라면서 의견을 표현하는 방법은 여러 가지입니다. 그중의 하나가 '애착 물건'입니다. 말하지 않아도 모두 다 알게 됩니다. 가장 좋아하는 물건이라는 것을요. 그 물건이 지저분해져서 빨기만 해도 난리가 나게 됩니다. 말이 서투른 어린아이들이 울음을 통해서 불편함을 표현하고 애착 물건을 통해 좋아하는 스타일을 보여주는 것은 당연한 일입니다.

둘째 한빈이가 사랑했던 『Chicka Chicka Boom Boom』이라는 그림책이 있습니다. 말을 잘하기 전부터 좋아했던 책인데, 이유를 모르겠습니다. 주황색을 좋아하는 아이라 책에 있는 주황색이 마음에 들어 좋아했다고 추측만 할 뿐입니다. 색이 분명하고 종이를 자른 듯한 삽화가 아주 매력적인 책입니다.

애착 책은 테이프를 덕지덕지 붙이는 한이 있더라도 절대 버릴 수가 없습니다. 너무 너덜너덜해진 나머지 추가로 책을 구입하다 보니 같은 책이 대여섯 권이 되어 버렸습니다. 단단한 보드 북으로도 사고, 속편인 『hicka Chicka Boom 1, 2, 3』도 구매하고요. 중고 서점에서도 보일 때마다 샀습니다.

이 그림책이 한빈이에게 끼친 영향은 말할 수 없이 큽니다. 노래를 따라 부르면서 알파벳도 알게 되고 그림을 따라 그리면서 상상력을 키워주기도 했습니다. 엄마가 강요하지 않아도 반복이 가능하니 습득의 의미에서도 엄청나게 좋은 영향을 미칩니다.

아이들의 성향은 모두 다릅니다. 첫째 성빈이는 애착 책 하나가 따로 있지 않았지만, 음식에 관한 책 종류를 좋아했어요. 이것이 결국 아이의 취향이 되고 취향을 알아야 영어를 확장할 수 있습니다.

애착 그림책을 계속 가지고 온다고 지겨워하지 마세요. 우리는 어른이니 봐도 봐도 똑같지만 100번 봤을 때 100번 모두 다르게 느껴지는 게 아이들의 상상력이고 창의력이라고 합니다. 그렇게 봐야만 그림책이 진짜 우리 아이의 마음속에 들어오게 됩니다.

애착 책 한 권에 빠지든, 성빈이처럼 음식 종류의 책을 좋아하든 아이들이 보내는 신호를 놓치지 마세요. 책으로 영어를 시작할 때 좋아하는 분야를 챙겨주는 것이 영어를 좋아하게 만들 수 있는 가장 빠른 길입니다.

몰입하지 않아도 좋아요

"책과 베프(베스트 프랜드)가 되지 않아도 좋으니, 절교만 하지 말아 주세요."

강연을 다니면서 꼭 드리는 말씀입니다. 엄마인 저는 책을 무척이나 좋아하던 아이였습니다. 당연히 제 아이들도 책을 좋아할 줄 알았습니다. 그런데 우리 아이들은 그렇지 않았습니다.

지금은 엄마들에게 옆집 유니콘과 비교하지 말라고 말씀드리지만, 저도 그 시절엔 많이 찾아 헤맸던 사람입니다. 왜 우리 아이들은 책을 많이 안 좋아할까? 다른 집 아이들은 몇 시간도 본다는데 쟤들은 왜 저러지? 이런 말도 안 되는 질문들을 계속 던졌습니다. 이 질문들이 말이 안 되는 것은 어머님들도 이제 잘 아실 것이라고 봅니다.

책을 사랑하지 않을 수 있습니다. 책이 재미없는 것도 당연합니다. 나와 우리 아이들은 당연히 달라야 합니다. 나와 성별이 다른 두 생명체를 키우면서 많이 고민해 왔는데, 그중에 책에 대한 고민이 가장 컸습니다.

아이들에게 선택의 폭을 넓혀주면서 고민은 해결되기 시작했습니다. 나와 다름을 인정하니 마음도 편해졌습니다. 그래 안 볼 수도 있지, 지금 안 보면 나중에 볼 거라는 마음가짐으로 대했습니다. 도서관에서 빌려온 책 스무 권 중 어떤 것도 좋아하지 않아도 괜찮아졌습니다. 어차피 책은 취향이니까요.

아이들이 지금 보는 그림책들은 전공 필수 도서가 아닙니다. 엄마 마음이 편해지니 아이들 또한 책을 편안하게 보게 됩니다. 성빈이 한빈이는 지금도 독서에 오랜 시간 몰입하지 않습니다. 책 한 권을 단숨에 보지도 않습니다. 하지만 읽어야 하는 책은 끝까지 읽는 아이들이 되었습니다.

세 시간 앉아서 책만 보는 아이를 원하시나요? 일상에서 가장 많이 하는 일이 책을 읽는 것이었으면 좋으실까요. 그러지 않아도 됩니다. 책은 평생 가지고 가야 할 습관이고 취미입니다. 취미만 하면서 하루 종일 살지 않아도 됩니다. 대신 지속해서 책을 가까이해 주세요. 하루에 몇 시간씩 몰입하지 않아도 괜찮습니다. 꾸준히 아이에게 맞는 책을 보여주고 읽어주는 것만으로도 책이 인생의 친구가 될 수 있습니다.

책으로 흘려듣기

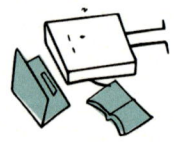

어디로 흘러갈까

영어 노출을 진행할 때 가장 먼저 시작해야 하는 것은 듣기입니다. 세상 모든 언어는 들어야 시작할 수 있습니다. 언어의 첫 번째 목적인 소통을 하기 위해 들어야만 하는 것과 같은 맥락입니다.

흘려듣기를 할 때 과연 아이의 머릿속에 남을까 하는 걱정을 합니다. 알아듣지도 못하는 소리를 왜 들려줘야 하느냐는 회의론도 분명 존재합니다. 그렇다면 반대로 태어나서 1년 동안 아무 말도 못 들은 아이는 과연 모국어를 할 수 있을까요?

모국어를 듣는 것도 영어 흘려듣기와 마찬가지입니다. 엄마로부터 들려오는 소음과도 같은 수많은 단어 중 고르고 골라 '맘마'를 이해하게 됩니다. 아기가 처음부터 엄마가 하는 모든 말을 이해한다고 생각하는 사람은 없습니다. 그렇다면 나와 관련된 어휘들을 끊임없이 듣는 것은 새로운 언어를 배울 때 필수가 된다는 결론에 다다르게 됩니다.

아이가 유추에 성공했을 때 엄마들은 찍었다, 눈치로 때려 맞춘다는 말로 아이의 노력을 깎아내리는 경향이 있습니다. 언어의 감을 찍기라는 단어로 표현해야 할까요? 아기가 우리 말을 배울 때처럼 엄마의 표정과 시선 분위기를 조합하는 연습을 똑같이 하는 것입니다.

아기의 귀로 흘러 들어간 소리는 뇌의 어딘가에 자리를 잡을 것입니다. 그것이 하물며 무의식의 공간이라고 해도 괜찮습니다. 혹은 망각으로 날리는 것이어도 좋습니다. 100% 망각은 없으니까요.

양을 차고 넘치게 들어야 말을 할 수 있습니다. 언어를 배움에 있어서 듣기는 무조건 실행해야 할 1순위가 맞습니다. 엄마가 영어 회화를 무척 잘해서 하루 종일 영어를 들려 줄 수 있다면 좋겠지만 우리는 그럴 수 없습니다. 그래서 동요를 들려주고 노래를 같이 부르고 책을 읽어주는 것입니다.

우리는 모국어를 아기에게 가르치려고 노력하지 않습니다. 아기와 대화하려고 끊임없이 노력할 뿐입니다. 같은 단어를 수백 번 말하고, 아기가 나의 언어를 알아들었을 때 기쁨을 느낍니다. 아무것도 원하지 않고 아기를 키웠던 그때 모습처럼 엄마표 영어도 진행해야 합니다.

책으로 흘려듣기를 할 수 있어요

흘려듣기는 소리의 노출을 극대화하는 습득 방법입니다. 하지만 영어의 경우 모국어를 습득할 때보다 어려운 것은 사실입니다. 우리말을 하루 종일 아기에게 쓰는 게 우선이고 영어는 다음 순으로 밀려나기 때문입니다.

그것 때문에 영어를 노출하지 못한다는 것은 쓸데없는 생각입니다. 아기와 함께하는 하루 중 3시간 정도를, 영어를 들려주는 시간으로 만든다고 하더라도 모국어를 배울 때 불리한 점이 전혀 없기 때문입니다.

책을 읽어주는 것 또한 흘려듣기 방법의 하나입니다. 아기와 함께 동화책을 볼 때 처음부터 끝까지 집중하는 책이 있는가 하면 듣는 둥 마는 둥 하는 경우도 있습니다. 두 경우 모두 엄마의 목소리로 소리를 들려주고 있습니다.

아기가 집중할 때만 언어가 성장할 것이라는 착각을 버리세요. 아기의 뇌는 들려오는 소리를 놓치지 않습니다. 집중할 때만 습득이 된다면 모국어조차 배우기 힘들 것입니다. 불특정하고 정제되지 않은 정보 또한 받아들일 수 있는 것이 사람의 뇌입니다.

사과를 눈으로 보고 그림책에서 보고 엄마가 사과라는 말을 하는 것을 듣고 그림책의 사과라는 글자를 봅니다. 수백 번의 가벼운 연결로 아기는 사과라는 과일의 모양과 이름과 뜻을 연결할 수 있습니다.

아기가 할 수 있는 모든 운동 능력은 한두 번의 연습으로 되지 않았습니다. 하지만 단순한 연습만 꾸준히 한다면 아기가 태어나서 걷기까지 못할 운동이 없습니다. 언어도 똑같습니다. 아기의 뇌가 운동과 지식 습득을 차별해서 받아들일 리는 없기 때문입니다.

영어를 가르친다고 생각하면 안 됩니다. 되도록 많은 노출을 통해 언어들의 연결고리를 이어준다고 생각해야 합니다. 우리말을 자연스럽게 터득했던 그 순간들을 다시 생각해야 합니다.

콩나물시루에 물 주기

육아하면서 답답할 때가 많습니다. 똑같은 반복을 언제까지 해야 하나 고민에 빠지기도 합니다. 저도 첫째 성빈이가 영어로 말이 트이기를 얼마나 기다렸는지 모릅니다. 돌 때 영어 듣기를 시작했는데 영어로 말이 트인 건 2학년이었으니까요. 반대로 한빈이는 일곱 살 무렵에 말하기 시작했습니다. 둘 다 말이 빨리 트인 것은 아니었습니다. 반대로 글자는 또 빨리 알았답니다. 글자는 늦게 알았으면 했지만 빨리 알아버렸고, 말은 빨랐으면 했지만 시기가 늦었습니다.

내 마음대로 되지 않는 것이 당연한데, 나의 노력에 대한 보상을 원하면서 스스로를 원망할 때가 있었습니다. 그래서 이 글을 보는 어머님들은 그러지 마셨으면 좋겠습니다. 꽃은 때가 되면 다 피게 되어있습니다.

콩나물을 키우려면 시루에 콩을 넣고 까만 천으로 덮어야 합니다. 그리고 물을 줄 때도 빛이 들어가지 않게 해 주어야 합니다. 어느 정도 컸는지 매일 살짝 훔쳐보지만 도통 클 생각을 하지 않습니다. 그러다가 어느 날 쑥 자라있는 콩나물을 봅니다.

콩나물에 매일 물을 주는데도 모두 빠져나가는 것처럼 느껴집니다. 빠져나가는 것이 아까워 한 방울씩 물을 준다면 콩나물이 자랄까요? 흘러 나가는 물도 콩나물을 키우는 역할을 합니다. 그래야 자랄 수 있습니다.

흘려듣기의 본질이 바로 이것입니다. 들려줘봤자 못 알아들으니까, 시간 낭비라는 생각에 하지 않으면 절대 아이의 귀는 트이지 않습니다. 덮어두고 필요한 것을 찾아 계속 흘려주세요. 그러다 보면 나도 모르는 사이 아이의 실력이 쑥 자라 있을 것입니다.

＃엄마 기준으로 한계를 만들지 마세요

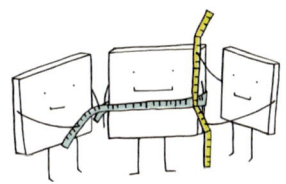

한계는 선을 그으면 생긴다

우리 아이들의 첫 영어책은 『노부영 세이펜 에디션 30+5』이었습니다. 첫째 유치원에 보내고 밤새 긁던 둘째가 아침에 잠이 들어 조용한 오전을 보내고 있던 그때, 홈쇼핑 방송을 보고 덜컥 샀던 것이 시작이었습니다.

영어책을 처음 만난 저 또한 도망치고 싶었습니다. 영어를 학습으로만 배운 저는 문장들을 보면서 해석할 생각만 가득했습니다.

"과거형은 어쩌지?"
"문장은 왜 이렇게 복잡한 거야?"
"아이들 책이라는데 왜 이렇게 어렵지?"

반품할까 말까 엄청나게 고민했습니다. 우습게도 추가 구성인 5권의 그림책이 아까워 반품하지 않기로 했습니다. 이유가 어찌 되었든, 그 순간부터 한계는 사라졌습니다. 무엇인가 도전하면서 못 할 것이라는 생각을 바탕에 두고 도전하지는 않습니다.

일단 하는 것이 우선입니다. 노래를 들려주는 것이 우선이고, 그림을 보는 것이 우선입니다. 이 책을 이해하는지 못하는지가 먼저가 아니라 아이가 좋아하는지가 우선입니다. 그림책은 말 그대로 그림을 봐야 하는 책입니다. 그 안의 글자들을 걱정하지 마세요. 훌륭한 그림책은 엄마가 큰 노력을 하지 않아도 아이들의 마음에 자리를 쉽게 잡습니다.

오늘 본 그림책은 다른 그림책을 선택하는 길잡이가 되어줍니다. 단지 내용이 어렵다는 이유로 책을 밀어내지 마세요. 어쩌면 아이의 취향을 알아갈 기회를 놓치게 될 수도 있습니다.

나이가 어리고, 영어를 잘 못해서 단어 책만 봐야 하는 것은 아닙니다. 엄마의 목소리로 내용을 들으면서 그림 이야기를 함께 나눌 수도 있고, 노래를 부르면서 분위기를 익힐 수도 있습니다. 그림책을 보면서 처음부터 글자에 집중하는 아이는 없습니다. 책을 가득 채운 삽화의 색을 먼저 볼 뿐입니다. 글자를 보기 원하는 것은 어쩌면 엄마의 욕심이요.

우리는 이미 영어를 배웠기 때문에 우리의 기준에 맞춰 난이도를 정합니다. 아직 아이의 머릿속에는 아무런 편견도 없다는 것을 기억하세요. 굳이 나의 편견을 아이에게 심어주지 마세요. 한계는 선을 긋는 순간 생겨납니다.

우리는 이미 배웠던 사람들입니다

　우리가 배웠던 방법은 아이가 배우는 방법과 다릅니다. 다시 말하면, 우리도 새로 배워야 하는 상황입니다. 아이보다 단어를 더 알고 문법을 아는 것은 필요가 없습니다. 회화 몇 마디 더한다고 상황이 크게 달라지는 것도 아닙니다. 전문가들이야 이미 영어 그림책을 어떻게 읽어야 하는지 알고 있고 회화도 할 수 있으니, 우리와는 출발이 다릅니다.

　보통의 엄마가 엄마표 영어를 시작하려면 일단 새로 배우는 태도로 접근해야 합니다. 엄마도 처음 보는 책이고, 처음 느끼는 감정입니다. 이것들을 아이와 나눌 줄 알아야 합니다. 고정관념에 잡혀서 단어의 수준에 집착하고, 해석하려고 하면 엄마가 먼저 지쳐버립니다.

　엄마표 영어 강의를 할 때 빠지지 않는 질문이 있습니다. 엄마가 영어 못해도 되냐는 질문인데요. 저를 보면 답이 보이실 것입니다. 저도 영어 못하는 보통 엄마였으니까요.

　어차피 우리가 배웠던 방식으로는 아이의 영어를 채울 수 없습니다. 그러니 엄마표 영어를 시작하는 엄마의 영어 레벨은 아이의 실력에 큰 영향을 끼치지 않습니다. 오히려 엄마의 태도가 중요합니다. 과거의 내가 더 배웠으면 좋았을 것들을 아이에게 시도해 보면 됩니다. 그림책이 어렵다면 아이와 보기 전에 미리 보고 내용을 알아두면 됩니다. 영어 읽기가 두렵다면 음원 펜을 활용해도 되고, 연습해도 됩니다.

　이미 배웠다는 것은 과거에 얽매일 수 있다는 말입니다. 내가 했던 방법이 옳았다면 과거의 방식대로 시도하면 됩니다. 하지만 저는 제가 했던 방식이 영어 말하기를 못 하게 만들었기 때문에 아예 새롭게 시작했습니다.

새로운 방법은 뭔가 전문적인 배움이 필요하지 않습니다. 아이에 대한 사랑, 그림책에 대한 애정이 바탕이 되면 됩니다. 방법은 책을 통해서도 충분히 배울 수 있습니다. 제가 그랬던 것처럼 여러분도 할 수 있습니다.

아이는 언제 자랄지 모릅니다

멈춰 있는 것 같지만 아이는 끊임없이 자라고 있습니다. 몸이 자라는 것처럼 뇌도 성장을 계속합니다. 아이들의 성장은 눈에 띄지 않지만 언제 쑥 클지 모릅니다. 강연하면서 아이들의 미래를 위한 정보를 수집하라고 말씀드립니다. 아이의 성장이 보였을 때 준비되어 있어야만 수준에 맞출 수 있습니다.

내 아이를 객관적으로 지켜보는 눈을 키워야 합니다. 오랜 기간 동안 학부모님들을 상담해 오면서 자기 아이를 너무 모르는 분들이 많았습니다. 객관적인 시선은 단순히 실력을 평가한 시험 점수를 말하는 것이 아닙니다.

아이의 성향을 알고 취향을 알아야 합니다. 나와 다른 인격체인 작은 생명에 대한 객관적 정보들을 많이 알아야 합니다. 자기 아이가 어떤 책을 좋아하는지 모르는 엄마들도 많습니다. 결국 나를 떠날 아이이지만 가기 전까지는 가장 가까운 조력자로 남아있어야 합니다.

과거에 배웠던 기준으로 아이를 판단하지 마시고, 새로운 세상을 살아가는 아이를 똑바로 바라볼 줄 알아야 합니다. 최대한 객관적 위치에서 아이들을 바라볼 때 아이의 성장을 제대로 마주할 수 있습니다.

"아직 그 단계는 어림도 없어요."

제 눈에도 보이는 아이들의 발전이 정작 엄마는 보지 못하는 경우가 많습니다. 칭찬하면 빈말이라고 치부하는 엄마들도 있습니다. 엄마가 만든 틀 안에 가둬놓고 아이를 판단하지 마세요. 우리의 생각보다 아이들은 훨씬 더 크게 자랍니다. 아이들이 새로 뻗은 가지를 엄마만 보지 못하는 일은 없어야 합니다.

아이를 객관적으로 봐야 한다고 말하면 냉정한 엄마가 되라는 말로 오해하는 분들이 있습니다. 엄마로서의 사랑을 주지 말라는 뜻이 아닙니다. 아이 앞에서는 무한정의 사랑을 주는 버팀목이 되어야 합니다. 그리고 아이 모르게 엄마의 비밀 정보를 만드는 것입니다.

책을 집으로 데리고 오는 방법

처음에는 순전히 엄마의 취향으로 책을 고르게 됩니다. 그렇다 보니 유명하다는 작가들의 베스트셀러를 먼저 구매합니다. 하지만 얼마 가지 않아 모두의 베스트셀러가 우리 집에서는 찬밥이 되기도 합니다. 책은 재미있는 책과 재미없는 책으로 나뉜다는 말도 있습니다. 아이들도 취향이 있습니다. 모든 책을 골고루 보는 아이도 있지만 좋아하는 책만 보는 아이도 있습니다. 어떤 책을 선택해야 할지 고민될 때 썼던 방법들을 알려드려요.

도서관 활용하기

저는 강연을 할 때 도서관 이야기를 빠뜨리지 않고 합니다. 어린이 열람실의 책들만 보더라도 선택받은 양서들이 매우 많습니다. 책 전문가인

사서 선생님들의 추천을 받을 수도 있고, 선생님들의 기획으로 전시된 책들로 힌트를 얻을 수도 있습니다. 공공의 이익을 목적으로 지어진 도서관은 어떤 사적인 욕심도 침입할 수 없는 완벽한 공간이라고 할 수 있습니다.

도서관에 갈 때 아이들과 같이 가세요. 그리고 자기가 보고 싶은 책을 고르게 해 주세요. 아무 생각 없이 고르는 것 같지만 그 안에도 취향이 있습니다. 아이들이 고른 책은 지금 당장 어려워 보이더라도 빌리는 것을 추천합니다. 책이 가진 매력을 파악한다면 아이의 취향을 알아내기 쉬워집니다.

저희 아이들처럼 도서관 이용이 힘든 친구들이라면 엄마가 책을 여러 권 빌려오는 것도 방법입니다. 그 책들을 같이 읽으면서 아이의 반응을 살펴볼 수 있습니다. 도서관에서 빌려온 책 중에 유난히 좋아하는 책이 있다면 구입하면 됩니다.

그림책은 오랜 시간 아이와 함께할 수 있는 책이기 때문에 좋아한다면 구매하는 것을 추천합니다. 볼 때마다 아이의 마음이 더 커지는 것을 알 수 있습니다. 아이가 특별히 좋아하는 작가가 생긴다면 당연히 작가의 모든 작품을 구매하는 것도 도움이 됩니다.

엄마표 영어를 처음 시작하면서 몇 년 동안 구매했던 그림책들이 아직도 집에 있습니다. 지금도 종종 꺼내 봅니다. 꺼내 보면서 아이들 나름의 옛날이야기를 합니다. 슬펐던 기억도 나오고 기뻤던 기억도 나옵니다. 아이들의 역사와 함께 할 수 있는 것이 바로 그림책입니다. 도서관에서 아이들의 추억 만들기를 시작해 주세요.

중고서점 활용하기

전작에서도 입이 마르게 칭찬했던 곳들입니다. 책을 구매하다 보면 비용이 만만치 않습니다. 엄마표 영어는 책 사는 데 대부분의 비용을 쓰게 됩니다. 그래서 저는 중고 서점을 사랑합니다.

중고 서점에 아이들과 함께 가보면 보고 싶은 책을 다 고르라고 할 수 있습니다. 그 덕에 절판된 닥터 수스의 책들도 많이 구했고, 한빈이의 애착 책도 권수가 늘어날 수 있었습니다. 알라딘 중고서점의 경우 책 매입도 같이하므로 잘 보지 않는 책들은 팔 수도 있습니다.

수입 원서들이 대량으로 많이 필요하게 될 때는 천안의 에보니 북스를 추천합니다. 책을 일일이 찾아봐야 하는 번거로움은 있지만 그것조차 보물찾기가 되어버리는 굉장히 멋진 곳입니다. 책 가격이 정말 저렴하답니다.

중고 서점에 있다는 것은 인기가 없다는 말이 아닙니다. 새 주인을 기다리는 중고 책들은 누군가의 사랑을 받았던 좋은 책들입니다. 책을 직접 사는 기쁨을 아이들에게도 누리게 해 주세요.

웹사이트 활용하기

도서관이나 중고 서점으로의 외출이 어려울 때가 있습니다. 저도 사실 둘째 아토피 때문에 장시간 외출이 힘들었습니다. 그럴 때 온라인 서점을 활용하면 좋습니다. 위에서 말한 알라딘 중고서점은 웹사이트로도 책을 구매하고 팔 수도 있습니다. 지점마다 주문할 수 있는 책들이 달라 최소 주문 금액을 맞추기 힘들 때도 있지만, 배송비를 합쳐도 가격이 굉장히 저렴하답니다.

동방북스, 웬디북, 북메카 등 유명한 원서 사이트들도 책 선택에 도움을 줍니다. 사이트에 들어가면 나이별, 종류별, 레벨별로 원서 리스트들이 정리되어 있습니다. 그리고 책의 표지는 물론 내용들도 볼 수 있습니다. 엄마가 웹사이트를 보고 있으면 쪼르르 달려와 그림이 마음에 드느니 어쩌느니 참견하면서 자신의 취향을 드러냅니다.

웹사이트들의 정기적인 이벤트를 활용한다면 새 책을 저렴하게 구매할 수도 있습니다. 저 같은 경우는 B급 원서 할인도 많이 이용하는 편입니다.

아이들이 자라면 옷 크기도 달라지듯이 책의 수준도 점점 높아지기 마련입니다. 어떤 책을 골라야 할지 모르겠다면 사이트의 정렬 목록을 보고 감을 잡으시는 것도 추천해 드립니다.

그림책 소개하는 책 활용하기

여러분이 이 책을 선택하신 이유입니다. 엄마표 영어에 대한 방법을 서술한 책도 있지만, 그림책을 소개하는 책을 통해서도 책의 정보를 알 수 있습니다. 엄마의 취향도 존재하기 때문에 엄마 눈에 들어온 책만 골라준다면 아이의 취향을 알 수 없게 됩니다.

그림책이 주는 다양한 세계를 알기 위해서라도 일부러 읽어 보는 것을 추천합니다. 내가 생각하지 못했던 세계, 그리고 그 속에 담긴 다양한 생각과 이야기들을 알 수 있습니다. 그림책으로 아이를 키운 분, 혹은 영어를 전공한 분들의 추천은 나의 시야를 넓혀 줍니다.

그림책의 수준을 알 수 있는 지수들

그림책에 쓰인 어휘의 수준과 양 전체적인 내용에 따라 레벨이 구분되어 있습니다. 책의 수준을 알게 되면 그만큼 아이에게 맞는 독서가 가능해집니다.

두 지수 모두 온라인에서 테스트를 통해 알 수 있는데요. 아직 어린 친구들의 경우 시험을 추천하진 않습니다. 학습을 진행하는 나이가 아니고 책을 알고 책과 친해지는 나이이기 때문입니다. 더불어 엄마가 읽어주는 것을 들어야 하는 나이이기도 합니다.

아이와 함께 읽는 책을 선정하면서 너무 난이도가 어려운 책을 고르지 않게 하기 위해 지수들을 알려드리는 것이니 잘 활용하시길 바랄게요. 생각보다 쉬운 책도 있고 반대로 이해하기 어려운 책들도 있을 것입니다.

다음 장부터 본격적으로 그림책이 소개됩니다. 각 챕터의 마지막에 책의 수준을 알 수 있게 Lexile® 지수와 AR지수를 정리해 두었습니다. 우선 두 지수가 어떤 것을 말하는지 알려드릴게요. 두 지수 및 지수에 대한 설명은 본 책에 필요한 내용만 실었습니다.

AR지수

ATOS book level의 줄임말입니다. 미국의 르네상스 러닝사에서 개발한 독서 관리프로그램에서 제공하는 레벨로, 각 도서에 사용된 문장의 길이 및 어휘의 개수, 난이도를 종합적으로 부여한 수치입니다.

K부터 12까지 부여되며 예를 들어 4.5인 경우 미국 현지 기준 4학년 5개월 차의 학생이 읽기에 적합한 도서를 말합니다. 이때 내용과는 관계없이 텍스트의 난이도만 의미합니다. 그래서 흥미 지수인 IL을 같이 표기해서 책의 내용, 구성까지 포함해서 구분합니다.

이 책에 나오는 그림책들은 대부분 4점 대 이하의 책이기 때문에 IL지수는 제외하고 AR지수로만 표기했습니다.

책의 레벨이 표시되지 않았을 경우 지수 측정이 불가능한 수준(단어가 없거나, 영유아기에 읽는 그림책) 임을 알려드립니다. 혹은 측정되지 않을 수도 있습니다. 모든 책에 점수가 부여되지는 못하기 때문입니다.

Lexile® 지수

렉사일 지수는 미국 MetaMetrics®(메타메트릭스)에서 개발한 영어 읽기 능력 지수입니다. 현재 100만 권 이상의 책에 부여가 되어 있습니다. 지수를 선정하는 기준은 어휘의 난이도와 문장의 길이를 기본으로 하는 정량적 분석법을 따릅니다.

지문이 길고 단어가 어려워지면 렉사일 지수가 높아지고 반대의 경우에는 낮아집니다. 이 역시 텍스트 자체의 수준을 나타내는 것이며, 책의 난이도나 주제가 반영되지는 않았습니다. 지수는 BL, 0~2,000L까지 있으며 테스트를 통해 본인의 능력에서 -100~+50까지의 책을 고르면 괜찮습니다.

▶ 렉사일 지수 앞에 붙는 용어들 중 이 책에 나오는 용어들입니다.

- BR : Beginning Reading(초보자를 위한 도서) 보통 지수가 없습니다. 책 레벨 소개에서 '-'로 표시된 책들은 보통 BR이라고 보시면 됩니다.
- AD : Adult Directed(어른의 지도가 필요한 도서) 아이에게 소리 내서 읽어 줍니다.
- GN : Graphic Novel 만화로 구성된 소설 혹은 만화책
- HL : High-Low 책의 수준과 독자의 수준을 벌려 놓은 도서

(지수는 낮지만, 정서적인 부분을 참고해야 하는 도서들입니다.)

- IG : Ilustated Guide 삽화 활용이 주가 된 도서 (ex 백과사전, 용어집)
- NC : Non-Conforming 출판사의 의도된 독자 수준보다 높은 렉사일 지수를 가지는 책입니다
- NP : Non-Prose 비 산문 (ex 시집, 희곡, 요리책 등)

▶ 학년에 따른 지수의 변화입니다

미국 기준이기 때문에 우리나라 친구들의 경우 렉사일 지수의 레벨에 조금 더 낮아집니다. 그리고 단순 이야기책 읽기 수준이 아닌 교과목을 따라갈 수 있는 수준이 되어야 되기 때문에 렉사일의 폭이 더 큽니다.

우리나라 기준으로 말하더라도 2학년 친구가 딱 2학년의 문해력을 가지고는 충분한 이해가 힘듭니다. 독서를 통한 수준을 올린 친구들이 학습 이해가 더 효율적인 것과 같은 이치입니다.

	AR	CCSS 기준 Lexile®
Kinder	1.0 이하	Not Available
Grade1	1.0~1.9	190L - 530L
Grade2	2.0~2.9	420L - 650L
Grade3	3.0~3.9	520L - 820L
Grade4	4.0~4.9	740L - 940L

◆CCSS : Common Core State Standard

우리나라 학생들을 위한 기준은 아직 없는 실정입니다. 중고등 영어 교과서를 분석한 표가 존재하긴 합니다.

▶ 두 지수의 대체적인 비교표입니다. 완벽하게 매칭 되진 않습니다

Lexile®	AR	Lexile®	AR	Lexile®	AR
25	1.1	300	1.8	575	3.2
50	1.1	325	1.8	600	3.3
75	1.2	350	2.0	625	3.5
100	1.2	375	2.1	650	3.7
125	1.3	400	2.2	675	3.9
150	1.3	425	2.3	700	4.1
175	1.4	450	2.5	725	4.3
200	1.5	475	2.6	750	4.5
225	1.6	500	2.7	775	4.7
250	1.6	525	2.9	800	5.0
275	1.7	550	3.0	825	5.2

*본 지수들에 대한 설명들은 공식 사이트에서 정보를 얻어 작성되었음을 알려드립니다.
*렉사일 지수, https://lexiletest.kr/
*SR 지수, https://myontime.kr/

이 지수들은 읽기에 도움이 되기 위한 숫자들입니다. 아이들에게 고난을 주려고 알려드리는 숫자가 아니라는 것을 명심하세요. 높은 레벨의 책을 계속 읽어 나가는 것도 중요하지만 책에서 얻을 수 있는 많은 것들을 레벨 올리기에 급급해서 놓치면 안 됩니다.

한 가지 더 엄마들이 오해하는 것이 있습니다. 3점 대 책을 읽기 위해서 3점이 넘는 책들을 공부하면서 읽히는 분도 계신데요. 책은 쉽게 읽어야 레벨이 올라갑니다. 3점대로 올라가려면 2점대 책을 천 권 읽어야 한다는 말이 있습니다. 쉬운 내용을 반복해 내 것으로 만드는 것이 레벨을 올리는 일입니다.

책 읽기가 재미없는 공부로 변하지 않게 유의해주세요. 아이가 그림책을 엄마에게 들고 오는 순간의 기쁨, 설렘을 자꾸 느끼게 해 주세요. 책은 1, 2년 읽고 그만 읽지 않습니다. 아이의 평생에 책이 늘 주변에 있을 수 있게 바탕을 깔아주세요.

2장

주제별 그림책

포인트① 영어 그림책 종류

책의 분류 기준은 다양합니다. 책을 보는 시기에 따라 나누기도 하고, 발달 단계의 특성, 책을 만드는 재료에 따라 나누기도 합니다. 저처럼 덜컥 그림책으로 시작하는 분도 계시겠지만, 영유아기에 보면 더 좋은 책들은 분명히 있습니다. 책을 고르기 힘들다면 시기에 따라 맞는 책을 골라주는 것도 하나의 방법입니다.

가장 먼저 만나요

임신했을 때 모빌 같은 것들을 만들어 보셨나요? 바느질이 서툰 저도 펠트지로 흑백 모빌을 만들었습니다. 만들지 못했다고 하더라도 전혀 문제없습니다. 모빌은 물론 아이들의 오감을 발달시켜 줄 수 있는 촉감책도 있으니까요.

태어나 1년 동안은 모국어를 듣는 시기입니다. 요즘은 태교부터 그림책을 읽어주는 분들이 많으십니다. 소리를 익숙하게 만들어주는 과정이지요. 아직 옹알이만 하는 아기여도 사랑으로 가득 찬 엄마의 목소리는 바로 알아챕니다. 아이의 마음을 채워줄 수 있는 다양한 책들을 함께 해 주세요.

° 촉감책, 헝겊책

책이라고 이름은 붙어 있지만 장난감에 가깝습니다. 보통 천으로 만들어져 있는 책들을 말합니다. 책 페이지마다 다른 내용물을 넣어서 소리 듣는 재미가 있는 책도 있습니다. 물고 빠는 시기부터 장난감처럼 책을 가지고 논다고 생각해 주세요. 한글로도 영어로도 많은 책들이 나와 있습니다. 엄마가 직접 만들기도 하지요.

°『My First Learning Book(Cloth Activity Book)』(Tango)

° 워드북

말 그대로 단어 책입니다. 기초적인 사물의 이름을 배울 수 있고 정보들을 알 수 있습니다. 촉감책, 헝겊책도 책 내용을 본다면 워드북에 포함된다고 볼 수 있습니다. 워드북의 재질은 보통 단단한 하드보드지로 만들어져서 보드북이라고 불리기도 합니다. 페이지 한 장이 두껍다 보니 10페이지 안팎의 내용을 가지고 있습니다. 종이 재질의 책을 쥐여주기 전 보게 되는 책이라고 할 수 있습니다. 찢는 행동이 즐거운 놀이인 시기에 반드시 필요합니다. 책은 소중하니까요.

유명 작가의 종이책들도 보드북 형태로 출판되는 경우가 많습니다. 영어는 내가 좋아하는 캐릭터 하나만 제대로 만들어줘도 내용 및 수준을 확장하기가 편합니다. 아기가 처음 보는 책들이기 때문에 단순하다고 생각할 수 있는데 절대 그렇지 않습니다. 워드북이 가지고 있는 예술적인 면도 뛰어나기 때문에 수년간 볼 수 있습니다. 책 욕심 많았던 저는 이미 단계가 다 지났음에도 삽화가 마음에 들면 구매했답니다.

- 『See, Touch, Feel』(Roger Priddy)
- 『Colors』(Roger Priddy, Sarah Powell)
- 『You are my sunshine』(Caroline Jayne Church)

◦ 패턴북, 라임북

핵심 단어를 바꿔가며 패턴을 알려주는 책입니다. 상황의 반복을 통해 재미를 주기도 하고 새로운 단어와 말하기 패턴을 배울 수 있습니다. 특히 패턴이 반복되기 때문에 라임이나 노래로 만들어지기도 합니다. 대표적으로 에릭 칼 작가의 『Brown Bear Brown Bear What Do You See?』처럼 제목에서부터 단어의 반복으로 패턴을 보여줍니다.

라임의 경우 닥터 수스의 읽기 책에서 잘 찾아볼 수 있습니다. 같은 문장이 반복되면서 자연스럽게 운율도 만들어서 쉽고 재미있게 따라 할 수 있습니다. 보드북도 문장 자체를 패턴으로 만들기도 합니다.

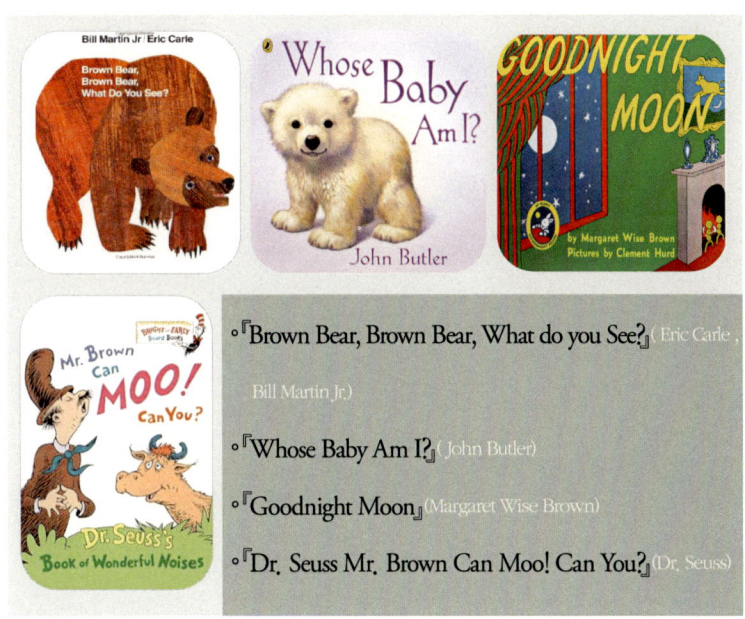

◦ 『Brown Bear, Brown Bear, What do you See?』(Eric Carle , Bill Martin Jr.)

◦ 『Whose Baby Am I?』(John Butler)

◦ 『Goodnight Moon』(Margaret Wise Brown)

◦ 『Dr. Seuss Mr. Brown Can Moo! Can You?』(Dr. Seuss)

이야기를 만나요

° 스토리북

인물, 사건, 배경이 있고 주인공이 이야기를 이끌어나갑니다. 난이도는 정할 수 없을 정도로 다양합니다. AR 1점대 책부터 4점대 책까지도 존재한답니다. 우리말로 창작 동화라고 할 수 있습니다. 도서관에 있는 번역된 창작 동화들도 모두 스토리북이 됩니다. 아이가 이야기를 이해해야 재미있기 때문에 너무 어려운 책은 추천하지 않습니다. 편안하게 볼 수 있는 스토리북부터 도전해 보세요.

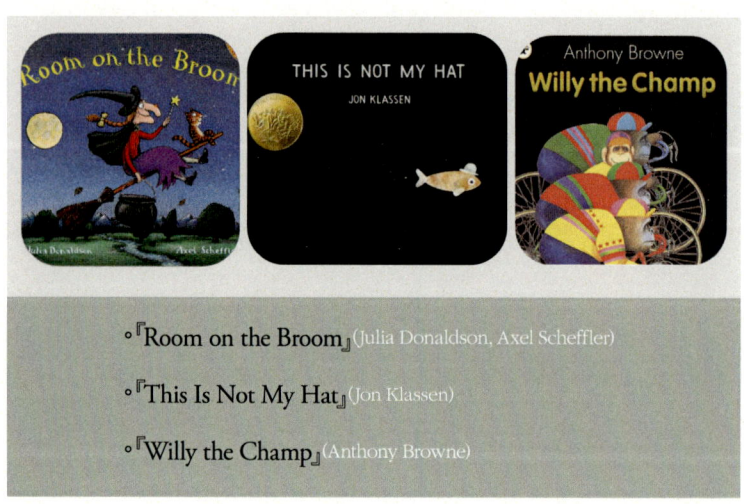

- 『Room on the Broom』 (Julia Donaldson, Axel Scheffler)
- 『This Is Not My Hat』 (Jon Klassen)
- 『Willy the Champ』 (Anthony Browne)

○ 전래동화, 이솝우화, 명작동화 종류

(Fairy Tales, Folktales, Classic Stories 등)

전 세계 어린이들이 한 번쯤은 보는 전해 내려져 오는 이야기책을 말합니다. 아이들에게 보편적인 도덕을 알려주는 주제가 많습니다. 너무 과한 기준을 세우는 동화책들도 있지만 아이들이 사회에서 지켜야 하는 도덕을 거부감 없이 배울 수 있다는 장점이 있습니다.

스토리 북과 비슷한 전개를 가지지만 보통 저자를 알 수 없고 구전되어 온 경우가 많습니다. 그렇기 때문에 내용이 약간씩 다르기도 하고 삽화가들의 특성이 두드러져서 같은 이야기여도 다른 느낌으로 만날 수 있습니다.

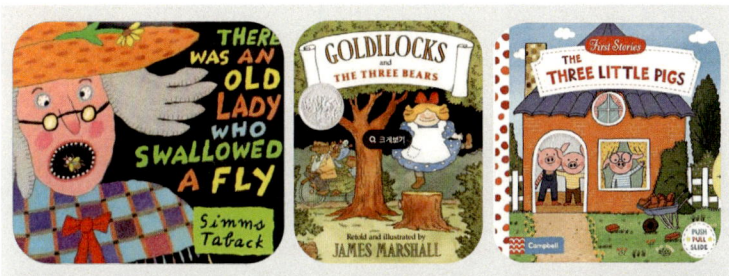

- 『There Was an Old Lady Who Swallowed a Fly』(Simms Taback)
- 『Goldilocks and the Three Bears』(James Marshall)
- 『The Three Little Pigs』(Natascha Rosenberg)

캐릭터를 만나요

좋아하는 캐릭터 하나를 찾으면 아이의 영어가 편해진다고 말씀드렸습니다. 아이들이 처음 만나는 책에도 캐릭터는 중요한 역할을 합니다. 캐릭터 북의 경우 시리즈로 만드는 경우가 많습니다. 인기 있는 캐릭터들은 영상으로 만들기도 하고 반대로 영상으로 인기를 얻은 캐릭터가 책으로 탄생하기도 합니다.

- 『NO NO YES YES』(Leslie Patricelli)
- 『Maisy's Animals』(Lucy Cousins)
- 『Don't Let the Pigeon Drive the Bus』(Mo Willems)

영유아기에 처음 만나는 책들은 책의 특징들을 교집합처럼 가지고 있는 경우가 많습니다. 종류를 구분하는 것이 무의미할 정도로 말이지요.

이 외에도 자연 과학에 대해 알려주는 기초 논픽션북, 읽기 연습을 위한 리더스북, 지식을 알려주는 사전, 퀴즈를 맞히는 방식으로 열어볼 수 있는 팝업북 등 종류가 아주 많습니다. 논픽션 책의 경우 그림이 아닌 선명한 사진을 싣고 있습니다. 아이들의 경우 놀래거나 강렬한 사진의 이미지로 특정 지식이 각인 될 수도 있으니 되도록 그림책을 먼저 보여주시는 것을 추천합니다.

◆ 책 레벨

제목	AR	Lexile®	QR 코드
My First Learning Book			
See, Touch, Feel			[QR]
Colors			[QR]
You are my sunshine			[QR]

Brown Bear, Brown Bear, What do you See?	1.5	AD200L	
Whose Baby Am I?			
Goodnight Moon	1.8		
Dr.Seuss Mr. Brown Can Moo! Can You?	1.8		
Room on the Broom	3.7	AD600L	
This Is Not My Hat	1.6		
Willy the Champ	1.3		

There Was an Old Lady Who Swallowed a Fly	2.0	AD320L	
Goldilocks and the Three Bears	3.1	520L	
The Three Little Pigs			
NO NO YES YES			
Maisy's Animals			
Don't Let the Pigeon Drive the Bus	0.9		

#포인트② 그림책 어떻게 읽어줄까요?

표지부터 같이 보세요

 엄마표 영어를 시작하면서 영어 그림책을 읽어준다는 것 자체가 두려웠습니다. 내 발음과 억양이 아이에게 안 좋은 영향을 끼칠지도 모른다는 생각이 들어 겁이 났습니다. 영어를 모르는데 어떻게 설명해 줘야 할까 하는 걱정도 많았습니다.

 영어 그림책은 함께 보는 책입니다. 아이에게 영어를 가르치기 위한 문제집이 아닙니다. 오늘 아이에게 한글 책 읽어주셨나요? 한글 책을 읽어줄 줄 안다면 일단 시작할 준비가 되어 있는 것입니다. 어차피 책이니까요. 걱정하지 말고 일단 책을 같이 보면 됩니다.

° 표지의 재미

 그림책의 표지와 제목은 아이들의 선택을 받기 위해 노력합니다. 표지를 보면서 이야기를 나눠도 시간이 금방 지나갈 정도입니다. 표지에서 보이는 주인공의 태도를 가지고 이야기할 수도 있고, 글씨체를 보고 책 전체의 느낌을 상상해 보는 것도 재밌습니다.

 제목의 글자를 못 읽는 친구라면 엄마가 읽어주기만 하고 넘어가도 좋습니다. 아이가 이것을 이해하지 못할지 걱정된다면 우리말로 이야기해주어도 좋습니다. 뭐든지 좋습니다. 이것은 되고 이것은 되지 않고 그런 기준은 없습니다. 성빈, 한빈이는 아직도 책을 볼 때 앞표지와 뒤표지부터 본답니다.

◦『No, David!』(David Shannon)

아이들이 표지만 봐도 깔깔거리는 그림책입니다. 이 표지를 보고 어떤 이야기를 할 수 있을까요? 저는 제목부터 호들갑스럽게 읽어주었습니다! 그리고 이런 질문들을 던집니다.

"어머머 쟤 뭐 하는 거니?"
"이 책 안에 어떤 장난이 숨어있을까?"
"우리 OO이도 저런 장난 좋아하니?"
"발밑에 책은 무슨 책 가져다 놓은 걸까?"

아이의 반응은 엉뚱할 수도 있습니다. 아이가 질문할 수도 있어요.

무엇이든 좋으니, 말을 주고 받아주세요.

"엄마 우리도 물고기 키워요!"
"쟤는 너무 장난이 심해요."
"쟤네 집 바닥이랑 벽색은 왜 저래요?"

책을 읽은 후의 대화는 우리말로 해도 됩니다

영어 회화가 어색한 엄마들에게 말씀드립니다. 아이들이 책을 가지고 오는 것은 영어 공부를 하기 위해서가 아닙니다. 엄마와 소통하고 싶고 재미있는 책을 같이 보고 싶을 뿐이에요. 엄마의 영어 실력을 체크하려고 책을 가져오는 아이는 없습니다.

영어 그림책을 읽다 보면 당연히 엄마도 표현들을 배우게 됩니다. 생활 영어를 동시에 진행하는 분들도 많습니다. 책을 읽으면서 아는 표현으로는 간단한 질문을 해도 좋습니다. 하지만 읽기 전 대화와 다 읽은 후의 감상은 우리말로 하는 것이 좋습니다.

아직 영어로 말이 유창하지 않은 친구가 감상을 영어로 표현하기란 쉽지 않습니다. 오히려 입을 닫아 버릴 수도 있어요. 단어로만 내뱉하면 엄마의 마음에는 왜 완벽한 문장이 나오지 않는지 조급함이 또 생깁니다. 아이에게 가장 편한 언어로 감상을 말할 기회를 주세요.

퀴즈보다는 활동지를 추천합니다

똘똘하고 야무진 친구들이라 하더라도 퀴즈 풀기를 너무 일찍 시작하지 마세요. 한글 책을 읽은 후에 모든 책에 대한 독후활동을 하지 않습니다. 특히 그림책은 내용 파악하고 퀴즈를 풀기 위한 책이 아니라 아이들의 마음을 채우기 위한 책입니다.

AR 3점이 넘어가게 되면 책 내용에 대한 퀴즈를 푸는 것도 좋은 방법의 하나입니다. 그렇지만 절대 강요하지 마세요. 책 읽기가 공부가 되면 아이는 영어에 흥미를 잃게 될 수도 있습니다.

꼭 체크하고 싶다면 구글에서 워크시트를 인쇄해서 놀이처럼 하게 해 주세요. 그림책 제목 뒤에 worksheets 혹은 activities를 넣어서 검색하면 인쇄를 할 수 있는 워크시트들이 많이 있습니다. 아이와 함께 색칠을 해도 되고 만들기를 해도 됩니다. 책을 읽었으니 독후감을 쓰고 내용 파악 퀴즈를 푸는 것은 그림책을 학습 도구로만 생각하는 태도입니다. 아이가 책을 편안하게 볼 수 있게 해 주세요.

◆ 책 레벨

제목	AR	Lexile®	QR 코드
No, David!			

… #포인트③ 반복의 마법

누구나 원하는 습득의 비밀

언어 학습에서 반복이 중요하다는 것은 모두 알고 있습니다. 문제는 반복이라는 행동 자체가 지루하고 재미가 없다는 것입니다. 아이들이 모국어를 배울 때 반복이라는 생각을 하지 않는 이유는 일상에서 사용하는 말이기 때문입니다. 필요한 상황을 계속 다르게 주니, 지겹다는 생각이 들지 않고 자연스러운 반복이 가능합니다.

외국어의 경우 이야기가 달라집니다. 보통의 아이들이 일상에서 영어를 쓸 일은 거의 없습니다. 어학원을 어릴 때부터 다니거나 외국을 자주 나가지 않는 이상 불가능한 환경입니다. 이런 상황에서 어떻게 반복을 하게 만드느냐가 관건입니다. 영어에 발을 들여놓았으니 제한적인 환경에서 최대한 지루하지 않게 반복을 해야 합니다. 그 방법 중 가장 좋은 것 중 하나가 바로 책으로 익히는 것입니다.

책을 통해 간접경험을 할 수 있다는 것은 모두 다 아는 사실입니다. 그렇다면 영어책을 읽는 것도 영어 환경에 대한 간접 체험이 될 수 있다는 말입니다. 주제는 같지만 다르게 표현된 책이 셀 수 없이 많습니다. 작가의 생각에 따라 다른 이야기가 펼쳐지는 것이 책의 세계입니다.

단순하고 기본적인 정보들을 외우기만 한다면 어떻게 될까요? 아이들도 생각이 있는 사람이기 때문에 목적 없는 암기를 좋아하지 않습니다. 기초적인 책들을 다양하게 읽으면서 편안하게 습득할 수도 있는 상황을 왜 피하려는 것일까요?

영어를 집에서 한다는 것의 가장 큰 장점이 이것입니다. 영어도 언어이기에 어휘의 양을 늘리려면 암기가 필요한 시점이 찾아옵니다. 하지만 한글 어휘를 암기하면서 습득하지 않듯이 책 읽기를 통해 비슷한 경지에 다다를 수 있습니다.

어릴 때 책을 읽어야 하는 이유가 여기에 있습니다. 지식을 머리에 담고 태어나는 아이는 없습니다. 태어난 후에 어떤 식으로 지식을 받아들였느냐에 따라 아이의 수준이 달라집니다. 초등학교 4학년만 되더라도 반에 있는 학생들의 수준이 모두 다릅니다. 초등학교 때부터 단순 암기로만 학습을 진행하는 아이들은 절대 중, 고등학교의 학습을 따라가기 힘듭니다. 인간이 배우는 지식의 수준은 나이가 들어갈수록 복잡하고 유추를 넘어 추론이 필요합니다. 어렸을 때 책을 읽어야만 이 수준에 도달할 수 있습니다.

다양한 책을 읽으면서 자연스럽게 지식을 습득했었던 아이들은 새로운 지식을 받아들임에 있어서 유연한 태도를 보입니다. 어려운 문제를 만났을 때 다양한 생각을 스스로 하며 이겨낼 수 있는 모습을 보입니다.

영어를 시작하면서 그림책을 읽을까 말까 고민할 필요가 없습니다. 책을 어떤 방법으로 재미있게 읽어줄 것인가를 고민해야합니다. 아이는 그림책을 보면서 마냥 좋아하고 행복하겠지만 엄마는 계획을 세우고 있어야 합니다.

반복은 축복입니다

아이가 읽었던 책을 백 번쯤 가져왔을 때 엄마의 반응은 어떨까요? 저도 사실 제발 다른 책 좀 가져오라고 말한 적도 많습니다. 반복이 필요하다는 것을 알면서도 너무 지루한 것은 사실이거든요. 아이는 같은 책을 여러 번 보는 것이 지루하지 않을까요? 읽을 때마다 다른 느낌을 받는다고 합니다. 백 번이면 백 번 다 다른 느낌을 받는다는 말이지요.

앞에서 말했듯 반복은 언어 학습에 가장 좋은 방법입니다. 아이가 알아서 반복하는 것이 얼마나 기특한가요? 엄마 목은 좀 아프지만 고마운 마음으로 한 번 더 읽어줘야 합니다.

아이들이 어릴 때 자기 전 한 시간은 책 탑을 쌓아놓고 읽어주곤 했습니다. 두 녀석이 다른 책을 좋아해서 읽고 싶은 책을 10권씩 들고 오라고 하고 제가 읽어주고 싶은 책을 열 권 정도 끼워 넣었습니다. 그리고 시간 가는 줄 모르게 읽었습니다.

엄마의 취향에 맞춘 책을 거부할 때도 있고, 그중에 새로운 취향을 찾아낼 때도 있었습니다. 둘째는 매일 『Fly Guy』만 들고 오기도 했습니다. 그 시기가 5년 정도 지났지만, 첫 문장을 아직도 기억할 정도입니다.

반복하는 순간은 축복입니다. 책을 같이 읽는 것만으로 아이의 뇌가 성장하게 됩니다. 지겹고 힘든 순간이 아니라 너무나 다행인 순간입니다.

Mother Goose, Nursery Rhyme

엄마표 영어를 시작할 때는 마더 구스, 너서리 라임이 무엇인지도 몰랐고 왜 필요한가에 대한 의문이 계속 들었습니다. 이제는 영어의 분위기를 체험하려면 꼭 들려주라고 말합니다.

> ◆ Mother Goose, Nursery Rhyme
>
> 영국을 비롯한 영어권 국가에서 17세기 정도부터 유행한 동화의 양식을 통칭하는 말입니다. 전설적인 어떤 인물을 말한다는 설도 있습니다. 우리나라의 전래 동요, 동화라고 이야기할 수 있습니다.
>
> Nursery Rhyme은 그중에서도 자장가, 동요, 동시들을 뜻하기도 한답니다. 오늘날에는 영미권 아이들이 즐기는 전래동요, 시, 수수께끼 등 아이들이 말을 배울 수 있는 모든 언어적 유희를 통칭하는 말입니다.

그림책과 더불어 닥터 수스의 책들을 보게 되면서 깨달았습니다. 라임이 얼마나 중요한지 알게 되면서 뒤늦게 마더 구스 책을 찾아서 보게 되었습니다. 새로운 언어를 배울 때는 그 나라의 방식을 따라야 한다고 생각합니다. 어렵고 힘들어 보이지만 그 길이 바른길입니다.

아이들이 파닉스의 패턴을 배울 때, 영어로 동시를 쓰고 말장난할 때, 글 속에 숨어있는 농담을 이해할 때도 라임은 필요합니다. 공부로 암기해서 만들어지지 않습니다. 자연스러운 노출로 습득이 되어야 라임이 우리 아이들 것이 됩니다.

영어권 국가에 살지 않았을 때 가장 채워주기 힘든 것이 문화인데요. 영어를 지속적으로 알아가기 위해 그 언어의 문화적 특징을 알아둔다면 정말 좋습니다. 사대주의와는 질적으로 다른 개념이라는 것 이해해야 합니다. 외국인이 한글을 배우면서 전래동화를 알고 말놀이 동요를 배우는 것은 문화를 이해하려는 노력이지 사대주의가 아닙니다.

Nursery Rhymes - Roger Priddy

라임을 배우기 위해서 본다고 생각하지 마시고 노래를 부른다고 생각하세요. 너서리 라임의 경우 역사적인 이야기가 숨어있기도 하고 말도 안 되는 내용들이 들어있기도 합니다. 뜻을 해석하기 위한 노래들이 아니라 말과 라임을 배우기 위한 노래입니다.

이 책에 수록되어 있는 두 편의 너서리 라임을 소개하겠습니다.

° Humpty Dumpty

제 아이들은 특히 험프티 덤프티를 좋아했어요. Humpty Dumpty 이름만 봐도 H와 D를 제외하고는 같은 단어의 반복이지요? 이것을 라임이라고 아이들에게 말할 필요는 없습니다. 노래를 부르다 보면 자연스레 입에 베이게 됩니다.

sat on a wall / had a great fall의 all로 끝이 나는 라임 또한 배울 수 있습니다. 험프티 덤프티가 벽에 앉아 있다가 이유는 모르겠지만 떨어져서 깨집니다. 이 부분을 그렇게 좋아하더라고요. wall / fall 라임은 당연하게도 파닉스를 배울 때 ll 그리고 all 발음 패턴을 배울 때 사용하게 됩니다.

° This little piggy

이 노래는 This little piggy의 반복으로 운율을 살려줍니다. 마지막 음을 살리는 라임도 중요하지만, 패턴을 익히는 것 또한 언어를 배울 때 좋은 방법입니다. 하루 종일 바쁘게 지내는 아기 돼지의 일상을 반복 패턴으로 불러주어 익숙해지게 합니다.

　너서리 라임의 경우 노래를 부르면서 가사의 행동을 몸으로 표현해 보는 것도 아주 좋습니다. 아이는 엄마의 행동을 따라 하면서 내용이 가진 의미 파악하게 됩니다. 동사의 표현을 나도 모르게 배우게 됩니다. 우리말을 배울 때와 똑같습니다. 내가 하는 행동이 우리말과 영어로 어떻게 표현되는지 자연스럽게 배우게 해 주세요.

There was an Old Lady Who Swallowed a Fly

마더 구스나 너서리 라임 시리즈는 수없이 많습니다. 구전되어 오면서 변형을 일으킨 이야기도 많고, 다양한 그림 작가들이 개성 있게 표현한 작품들이 많기 때문입니다. Fly guy처럼 패러디를 한 작품까지 넘쳐나지요.

'할머니가 파리를 삼켰다'라는 제목만으로도 아이들을 끌어모을 수 있는 작품입니다. 옛날 옛적에~ 로 시작하는 우리나라의 전래동화와 같지요. 말도 안 되는 이야기이지만 아이들은 정말 재미있어합니다. 논리적으로 접근하는 것이 절대 아니기 때문입니다. 처음부터 아이들이 모든 내용을 들어야 한다거나 알지 않아도 좋습니다. 노래부터 흥얼거리게 해 주세요. 할머니가 삼킨 동물들의 이름을 하나하나 알아가게 될 것입니다. 이때 영어, 한글 무엇이어도 상관없습니다.

° 책이 아니라면?

마더 구스와 너서리 라임은 책이 아니어도 자료를 활용할 수 있는 방법이 많습니다. 구글 검색에 Mother Goose, Nursery Rhyme를 검색해 보세요. 수많은 자료가 쏟아집니다. 아이들과 읽었던 책의 내용을 바탕으로 활동해도 좋고요. 새로운 노래를 같이 불러도 좋습니다.

° 멜로디는 어떻게?

멜로디는 유튜브의 힘을 빌리면 됩니다. 구글에서 검색해서 나온 노래들 중에 골라서 제목을 유튜브에서 검색해 보세요. 여러분이 찾고 있는 멜로디의 90% 이상이 검색될 것입니다. 그리고 채널 자체의 주제가 Mother Goose, Nursery Rhyme인 곳도 많으니 꼭 활용해 보세요.

이름부터 '마더 구스 클럽'입니다. 굉장히 유명하지요. 그만큼 콘텐츠의 활용도가 높은 곳입니다. 애니메이션 형식의 노래들도 있지만 실제 어린이들이 나와서 노래를 불러주고 춤을 춥니다. 유쾌한 멜로디와 함께 춤을 춰보세요!

코코멜론 또한 어마어마한 채널이지요. 저희 아이들 어렸을 때도 참 많이 활용했습니다. 애니메이션에 아기와 형, 누나들이 나와요. 비슷한 또래의 아이들 이야기라 공감이 되고 자장가도 아름다운 곡들이 많답니다.

책으로 시작하는 영어라는 말은 결국 노래로 시작하는 영어라는 말입니다. 이미 말했듯이 한글과 영어는 표음문자입니다. 소리를 배우는 것이 먼저예요. 해석을 해주느냐 마느냐를 고민하면 안 됩니다. 일단 듣고 따라 하게 하세요. 소리를 배우지 않으면 절대로 다음 단계로 넘어갈 수 없답니다. 소리를 배우는 방법에는 여러 가지가 있습니다. 그중에 가장 좋은 방법이 노래입니다. 듣고 따라 부르는 방법은 그저 재미있는 놀이 같지만, 습득을 위한 가장 효율적인 방법입니다.

한 번 듣고 절대 따라 하지 못합니다. 수십 번 넘게 따라 불러야 합니다. 하지만 절대 지겨운 작업이 아니에요. 내가 알고자 하는 양보다 책의 양이 언제나 더 많으니 다양한 책들로 아이들의 귀를 먼저 채워주세요.

◆ 책 레벨

제목	AR	Lexile®	QR 코드
Nursery Rhymesk			
There was an Old Lady Who Swallowed a Fly			
There was an Old Lady Who Swallowed a Fly	2.1		
There was an Old Lady Who Swallowed a Fly	2.0	AD320L	
Fly Guy#04: There Was An Old Lady Who Swallowed Fly Guy	1.6	370L	

*There was an Old Lady Who Swallowed a Fly는 삽화 순서대로 레벨을 써 놓았습니다.

알파벳을 만나요

어른의 눈으로 보면 알파벳은 문자입니다. 조합해서 단어를 만들고 문장을 구성하는 도구일 뿐입니다. 아이들에게 문자는 그림입니다. 처음 한글이나 알파벳을 따라 쓸 때 어떤 모습인가요? 획을 분명하게 그리는 것이 아니라 그림으로 그리듯 표현합니다. 영유아기의 아이들이 알파벳을 읽고 그리는 것을 학습해도 되는 시기라고 착각하면 안 됩니다. 이제 알파벳 본격적으로 해봐야 한다고 생각하는 것은 큰 오해입니다. 그림책에 있는 사과 그림과 알파벳 문자는 그림으로 보입니다. apple을 이름으로 인식하기까지 시간이 걸립니다. 이제 알파벳의 이름을 인식하는 단계입니다. 반복에 의한 자연스러운 습득은 아이들의 기억에서 지워지지 않습니다.

알파벳 책을 단순히 학습용으로 사용하지 마세요. 알파벳도 그림으로 인식할 수 있게 해 주세요. 알파벳 책의 내용도 책마다 정말 다릅니다. 쉬운 단어들로 구성되어 있는 책들부터 복잡한 구조의 문장까지 표현할 수 있습니다. 이런 다양한 책을 학습용으로 활용한다면 재미가 뚝 떨어지게 됩니다.

〈대표 추천 도서〉

◦ 『Chicka Chicka Boom Boom』(Bill Martin Jr, Lois Ehlert, Bill Martin Jr)

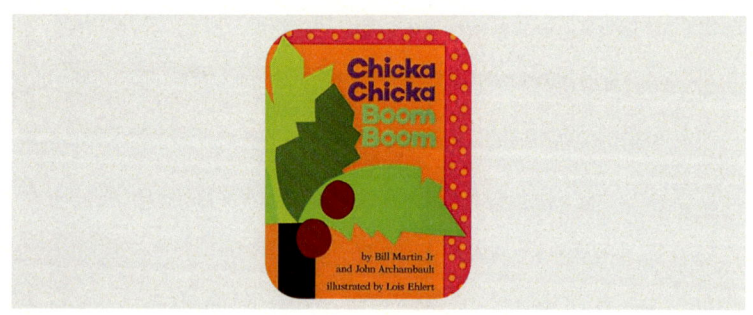

제가 많이 추천하는 책입니다. 저희 둘째가 사랑했던 책이지요. 그림책을 많이 보다 보면 자꾸 보이는 작가와 일러스트레이터가 있는데요. 이 책 역시 엄청난 작가님의 책입니다. 루이스 앨럿 작가님은 표현 기법이 독특합니다. 아이들이 색종이를 잘라 만든 것 같은 표현을 합니다. 마치 따라 하라는 말을 하는 것 같습니다.

알파벳들이 코코넛 나무 위로 하나씩 올라갔다가 너무 무거워 모두 떨어집니다. 그래도 다시 또 도전했다가 떨어집니다. 그러면서 하루가 지나갑니다. 대문자를 어른, 소문자를 아이로 표현해서 다시 도전하는 모습에 아이들은 깔깔거리면서 웃습니다.

알파벳 책이지만 문장이 쉽지 않습니다. 노래로 불러도 바로 따라 할 수 없어요. 그림책이 나온 후에 노래를 입혔기 때문에 우리가 팝송의 가사를 흘리듯 아이들도 그렇게 부르게 됩니다. "OH! NO! Chicka Chicka

Boom Boom!" 이 부분만은 힘차게 따라 부릅니다.

◆ TIP : 아이와 함께 놀기

1. 코코넛 나무를 그려서 오린 후에 자석 칠판 혹은 자석이 붙을 수 있는 공간에 붙여줍니다. 그리고 알파벳 자석을 이용해서 노래를 부르며 알파벳을 하나씩 붙여봅니다. 음원을 들으면서 하면 더 신이 납니다. 대문자 소문자 구분도 한 번에 할 수 있습니다.

2. 시키지 않았어도 둘째가 자주 했던 놀이입니다. 스케치북에 코코넛 나무를 그리고 알파벳을 따라 그리는 것이지요. 아무것도 아닌 것 같지만 스스로 그림을 그리고 가능하다면 색도 칠하게 해 주세요. 자기 주도로 놀 줄 아는 아이들이 재미있게 습득합니다.

3. 유명한 책이니만큼 원곡 버전이 있고, 편곡 버전까지 있습니다. 애니메이션으로 볼 수도 있습니다. 영상의 행동들을 따라 하면서 멜로디를 더 쉽게 익힙니다. 하지만 아직 어리다면 자주 보여주지는 마세요!

4. 워크시트를 활용해서 놀 수 있습니다. Chicka chicka boom boom worksheet를 검색해보세요. 다양한 워크시트들을 인쇄할 수 있습니다. 색을 칠해도 좋고 따라 써도 좋아요. 인쇄하기가 힘들 땐 엄마가 직접 그려줘도 좋습니다. 아이와 함께 꾸며도 좋아합니다.

5. Chicka Chicka Boom Boom을 좋아한다면 Chicka Chicka 1, 2, 3도 추천합니다. 이 책은 숫자를 배울 수 있는 책입니다. 1에서 100까지 숫자가 나무를 타고 올라갑니다. 활용 방법은 Chicka Chicka Boom Boom과 똑같답니다.

〈강력 추천 그림책〉

1) 『I SPY an Alphabet in Art』(Lucy Micklethwait)

숨바꼭질은 아이들이 가장 좋아하는 놀이 중 하나입니다. 그래서 I SPY 시리즈는 다양하게 출판되어 있고 문장 패턴이 비슷하게 전개되어서 처음에는 어렵지만 알면 알수록 재미있습니다. 질문하고 답하기 놀이를 할 수 있어요.

이 책은 숨바꼭질과 명화 이야기가 같이 들어간 책입니다. 아이들과 그림 감상도 하고 그림에 숨어있는 단어 찾기도 해 보세요. 단어를 못 찾겠다고요? 걱정 마세요. 맨 뒷장에 나와 있습니다.

노래가 있는 책은 아니어서 엄마가 읽어 주어야 합니다. 패턴북의 특징이라 운율이 살아있어서 어렵지 않게 읽어줄 수 있습니다. 책에 숨어있는 단어 말고 새로운 단어도 찾아보세요.

2) 『ME! ME! ABC』(Harriet Ziefert, Ingri Von Bergin)

아이들이 가장 좋아하는 '나!'를 주인공으로 그려진 그림책입니다. 캐릭터들이 평면 그림이 아니라 인형의 형태로 그림 속에서 뛰어놉니다. 나에 대한 관심과 알파벳이 만난다면 싫어할 수가 없겠지요? 이 책은 음원도 아주 사랑스럽게 만들어져 있답니다. 알파벳 단어들이 쉽지 않기 때문에 처음에는 따라 부르기 힘들어도 바로 적응할 수 있습니다. 내용을 따라 흉내 내면서 같이 부르면 훨씬 더 좋습니다.

3) 『Tomorrow's Alphabet』(Donald Crews, George Shannon)

말 그대로 내일의 알파벳입니다. 시간의 흐름까지 아이들에게 알려주는 책입니다. 과거의 강아지가 미래의 개가 되고, 과거의 씨앗이 미래의 사과가 됩니다. 직관적인 삽화로 아이들에게 시간의 흐름을 깨우치게 만들고, 알파벳과 단어를 아는 것은 당연합니다.

<그 밖의 추천도서>

○ 『Eating the Alphabet』(Lois Ehlert)
과일과 야채를 좋아하는 친구라면 강력 추천입니다. 과일 좋아하고 야채 싫어한 큰애도 좋아했어요.

○ 『Alphabet City』(Stephen T. Johnson)
도시 곳곳에 숨어있는 알파벳을 아이와 함께 찾아보세요.

◦ 『Cleo's Alphabet Book』(Caroline Mockford)

귀여운 고양이 클로이의 하루를 함께 해 보세요.

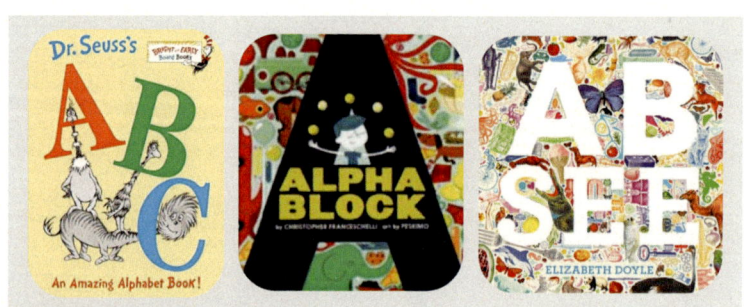

◦ 『Dr. Seuss's ABC : An Amazing Alphabet Book』(Dr. Seuss)

리더스이지만 상상력을 자극하는 캐릭터와 문장들로 알파벳이 친숙해져요.

◦ 『ALPHA BLOCK』(Christopher Franceschell , Peskimo)

입체 보드북의 형식으로 알파벳 모양의 아주 멋진 페이지들을 볼 수 있어요.

◦ 『AB SEE』(Elizabeth Doyle)

저는 이 책 예뻐서 샀습니다. 엄마 눈을 힐링 시켜주는 삽화에 빠져 들어 보세요.

◆ 책 레벨

제목	AR	Lexile®	QR 코드
Chicka Chicka Boom Boom		530L	
I Spy an Alphabet in Art			
ME! ME! ABC			
Tomorrow's Alphabet			
Eating the Alphabet	1.5	AD200L	
Alphabet City			

Cleo's Alphabet Book		
Dr. Seuss's ABC	2,1	
ALPHA BLOCK		
AB SEE		

숫자에 관심이 생겼다면

수를 세는 것은 아이들에게 놀이입니다. 숫자화시키지 않고도 엄마의 말을 따라 하면서 수의 개념을 배웁니다. 눈으로 보는 물체의 개수가 다름을 인지하고, 많고 적음을 배웁니다. 엄마와 숫자놀이를 하는 것은 단순한 학습의 의미가 아닙니다.

수의 개념은 몸에 대한 관심을 확장해 줍니다. 눈은 어디 있나 여기~ 이 노래 아시지요? 엄마가 이 노래를 부르면서 아이의 눈을 가리키고 귀를 가리킵니다. 수를 알기 전에 아이는 눈과 코의 개수가 다르다는 것을 알게 됩니다. 양 손가락의 개수가 같다는 것을 알게 됩니다. 그러면서 자연스럽게 수를 세는 영역으로 넘어갑니다.

수를 배우게 되면 소유의 개념 또한 발달하게 됩니다. 양이 많고 적음을 구분하면서 내가 좋아하는 것은 더 많이 가지려고 합니다. 좋아하는 것을 더 많이 가지고, 싫어하는 것은 덜 가지거나 가지지 않으려고 하지요. 이것이 수의 개념의 시작입니다.

수의 개념은 덧셈과 뺄셈 학습지 푸는 것이 시작이 아닙니다. 숫자 카드로 영어, 한글로 읽는 것을 배우는 것에 집착하지 마세요. 자연스럽게 엄마와의 대화에서 시작할 수 있습니다. 엄마와 나의 모습을 보여주는 그림책에서부터 수의 개념을 넓혀 주세요.

〈대표 추천 도서〉

◦ 『Ten Fat Sausages』(Illustrated by Elke Zinsmeister)

Ten Fat Sausages는 마더구스로도 구분이 되는 노래입니다. 즉, 일러스트레이터에 따라 다양한 버전이 책이 나와 있습니다. 이 책은 소시지와 숫자 부분에 구멍들이 뚫려 있어서 양이 적어지고 소시지의 숫자가 달라지는 것을 직관적으로 확인할 수 있습니다. 소시지가 두 개씩 줄어들어 뛰어 세기의 개념도 알 수 있습니다.

핫도그를 파는 아저씨가 있습니다. 핫도그에 소시지를 넣어서 팔아야 하는데 소시지가 익을 때 POP! 하는 소리를 내면서 터집니다. 10개의 소시지가 터지고 나면 아저씨의 장사도 끝이 납니다.

그림책의 매력은 책의 곳곳에 숨어 있습니다. 처음에는 소시지와 빵의 개수에 눈이 갈 것입니다. 숫자를 모르는 친구라면 양이 줄어드는 것을 볼 것이고, 숫자를 아는 친구들은 세려고 하겠지요. 그림책의 왼쪽에는 사람들이 보이고 오른쪽에는 핫도그 아저씨가 보입니다. 사람들의 행동이 변화하는 것을 이야기 나누는 것도 좋습니다.

그림책을 여러 번 보다 보면 핫도그 아저씨가 걸어 둔 간판의 글자가 계속 바뀐다는 것을 알게 됩니다. 'Lots of HOT DOGS here!'부터 'Last few HOT DOGS!', 'All Gone'까지 학습으로 암기하기에는 어렵지만 그림책으로 노출해주기엔 좋은 표현들이 나와 있습니다.

이 그림책을 보기 위해 하나의 이야기를 해 주어야 하는데요. 다름 아니라 우리나라의 핫도그와 미국식 핫도그는 다르다는 것입니다. 이해가 빠른 친구들도 있겠지만 우리 아이들은 한참이 걸렸답니다.

◆ TIP : 아이와 함께 놀기

1. 직접 프라이팬에 소시지를 구우면서 노래를 불러봅니다. 안전을 보장하는 상황이라면 가스레인지에 직접 가열을 해서 POP!을 보여주는 것도 좋습니다. 기름이나 소시지가 튈 수도 있으니, 안전에 특별히 유의해야 합니다. 손이 야무진 나이라면 작은 모닝빵 사이에 소시지를 끼워서 핫도그 아저씨가 되어 보는 것도 추천합니다.

2. 워크시트를 활용합니다. 저는 이 방법으로 많이 놀아주었습니다. 프라이팬 도안과 소시지 도안만 있으면 준비 끝입니다! 코팅을 해주고 소시지와 프라이팬에 각각 찍찍이를 붙여주면 시도 때도 없이 소시지를 구울 거에요. 소시지 얼굴에 다양한 표정도 그려주면 더 재미있습니다. 표정 그리기는 우리 친구들에게 맡겨보세요! 단, 만들려면 시간과 정성이 필요한 것이 사실입니다. 만드는 것을 좋아하는 어머님이시라면 추천해 드립니다. 아이와 함께 만들어도 좋고요. 아이가 어리다면 저처럼 애들 잘 때 눈 비비면서 만드시면 됩니다.

3. 율동을 만들어 노래를 부릅니다. 숫자가 들어간 노래들은 손가락으로 개수를 표현하면서 부르기 마련입니다. 그 동작을 통해서 양의 개념을 같이 터득하게 되지요.

Ten fat sausages sizzling in the pan
One went Pop! the other went Bang!

소시지가 두 개씩 터진다고 말씀드렸지요? 하나는 Pop! 다른 하나는 Bang!하고 터집니다. 그림책의 좋은 점은 다양한 표현을 쉽게 내 것으로 만들 수 있다는 것입니다. 이 표현들에 대한 다양한 율동을 만드는 대결을 해도 재미있답니다.

4. 소꿉놀이를 좋아하는 친구라면 핫도그 아저씨 놀이를 해 보세요. 당연하지만 우리말로 놀아도 아무런 문제가 없습니다. 우리말과 영어의 징검다리를 많이 만들어 주신다고 생각하세요. 소시지의 개수도 영어로도 세고, 우리말로도 세면 더욱 좋습니다.

5. 소시지가 아니어도 좋아요! 아이가 좋아하는 다른 식재료로 바꿔 노래를 불러도 좋습니다. 복수 명사 표현 어렵다고요?! 우리에겐 구글과 네이버가 있습니다. 노래를 부를 때 걱정이 된다면 원하는 단어의 단수형과 복수형 표현을 정확하게 알아보고 시작하시면 됩니다.

〈강력 추천 그림책〉

1) 『Ten Little Monkeys jumping on the bed』
   (글 Annie Kubler, 그림 Tina Freeman)

　제목만 봐도 아이들의 마음이 두근거립니다. 반대로 엄마 입장에서는 한숨이 살짝 나오는 책이지요. 10마리 원숭이가 침대에서 뜁니다. 그러다가 한 마리씩 떨어져서 다치지요. 엄마가 의사 선생님께 전화를 하고 의사 선생님은 더 이상 뛰지 말라고 합니다. 하지만 나머지 원숭이들은 아랑곳하지 않고 계속 뜁니다. 아이들은 왜 그런 것일까요? 신나니까 그렇겠지요? 이 노래를 부를 때는 왠지 침대에서 뛰어야 할 것 같습니다.

　'Mama called the doctor, And the doctor said~' 이 부분에서 뛰던 것을 잠깐 멈추긴 하지만 'No more monkeys jumping on the bed!'를 부를 때는 더 신나게 뜁니다. 우리 아들들이 그랬단 이야기입니다. 여러분이 아이들은 어떻게 할지 벌써부터 궁금해집니다.

2) 『1, 2, 3 Peas』(글 Keith Baker, 그림 Keith Baker)

　세상에서 가장 유명한 콩입니다. 우리 아이들이 볼 때만 하더라도 그림책 한 권이었는데 이제는 다양한 판형과 디자인으로 출간되었습니다. 그만큼 인기가 좋다는 것이죠? 이 책을 처음 봤을 때 어려워서 어떻게 해야 하나 걱정했습니다. 콩들이 하는 행동을 영어로 해석하자니 두려움이 앞섰답니다. 그래서 이 그림책은 자꾸 손이 가지 않았습니다.

　그 두려움을 이기게 해 준 것이 노래였습니다. 멜로디는 흥겹고 춤을 추게 만드는 리듬을 가지고 있어요. 행동에 대한 표현을 영어로 완벽하게 말하지 못하는 게 무슨 상관인가요. 처음에는 숫자만 크게 외치면서 시작하다가 단어 하나씩 맞게 따라 부르기 시작했습니다.

　1에서 시작해서 10부터 100까지 배울 수 있는 책인데 숫자가 늘어날수록 콩들도 늘어납니다. 100에서 콩의 개수를 세어보는 친구가 분명히 존재할 거라고 생각해요. 우리 아이들은 세지는 않더라고요. 책을 펴지 않아도 흥얼거릴 수 있을 만큼 멜로디가 흥겹습니다.

3) 『Fish Eyes: A Book You Can Count On』(Lois Ehlert)

작가 이름이 기억나시나요? 앞에서 소개했던 Chicka Chicka Boom Boom의 일러스트레이터 Lois Ehlert의 작품입니다. 이분은 뒤이어 계속 등장할 예정입니다. 색이 화려하고 패턴들이 큼직큼직해서 처음 볼 때 거부감을 느끼는 친구들도 있을 것입니다. 그러나 대부분의 어린이들은 물고기를 좋아하고 사랑하지요. 물고기의 숫자를 세면서 수의 개념도 배울 수 있고 무늬들에 대한 표현들도 배울 수 있어요.

이 책을 추천하는 이유는 강렬한 이미지에 있습니다. 쉽게 만들어진 작품이 아니겠지만 아이들 눈에는 색종이 오리기처럼 보입니다. 그러면서 개념을 이미지화 시켜주지요. 습득에 있어서 중요한 것이 반복인데 이분의 작품 속 이미지들은 한 번 보더라도 인식이 될 만큼 강렬하고 매력이 있습니다.

역시나 그림을 그리거나 물고기를 오려 만드는 놀이로 연결해 줄 수 있습니다.

〈그 밖의 추천도서〉

○ 『Five Little Monkeys Jumping On The Bed』(Eileen Christelow)

유명한 원숭이 다섯 형제입니다. 시리즈로 책이 정말 많이 나왔어요. 삽화가 부드럽고 친근감 있어서 오래전 원서임에도 불구하고 아이들이 정말 좋아합니다.

○ 『Five Little Ducks』(Penny Ives)

엄마 오리를 따라오던 다섯 마리의 오리들이 자꾸 샛길로 빠집니다. 귀여운 오리들은 싫어하는 친구가 없을 것입니다.

○ 『Five Little Men in a Flying Saucer』

우주인 친구들도 아이들의 숫자 놀이를 도와줍니다. 숫자 그림책들은 이미지가 강하거나 혹은 포근한 내용들이 많아요. 이 책은 문장이 긴 편입니다. 노래로 많이 접하게 해 주세요.

◦ 『Countablock』(Christopher Franceschelli, Peskimo)

두꺼운 종이로 된 보드북으로 찢기 좋아하는 시기부터 숫자를 알게 된 시기까지 볼 수 있는 그림책입니다. 아름다운 삽화는 아이들의 마음을 편안하게 해 줍니다.

◦ 『I Spy Numbers』(Jean Marzollo, Walter Wick)

사진을 보면서 숫자를 찾아보세요. 너무 찾기 쉽다고 생각하실 수 있지만 그게 바로 그림책입니다. 아이들이 편안하게 재미를 느낄 수 있게 만들어 줍니다.

◦ 『Ten Black Dots』(Donald Crews)

엄마가 읽어주면서 아이와 할 이야기가 많은 그림책입니다. 이미지는 단순화되어 있고, 문장 또한 짧지만, 대화 주제는 무궁무진한 책입니다.

◆ 책 레벨

제목	AR	Lexile®	QR 코드
Ten Fat Sausages			
Ten Little Monkeys jumping on the bed			
1, 2, 3 Peas			
Fish Eyes			
Five Little Monkeys Jumping On The Bed		310L	
Five Little Ducks			

Five Little Men in a Flying Saucer		
Countablock		
I Spy Numbers		
Ten Black Dots	AD410	

#수학의 기초 도형책

수와 도형, 이 두 가지가 수학의 시작입니다. 수와 도형의 기초를 쌓아야 어렵다는 방정식, 함수의 세계에 도달할 수 있습니다. 아이들마다 취향도 다르고 관심사도 다릅니다. 기본적으로 채워주어야 하는 것 중 도형이 빠지지 않습니다. 사람은 숫자에 관심이 없을 수가 없습니다. 경제적 동물이기 때문이죠. 어린 친구들이 큰 수 계산은 잘 못해도 과자 살 때 계산은 기가 막히게 하는 것이 바로 그 이유입니다. 반면 도형은 엄마들부터가 어렵다고 생각하고 멀리하는 분들이 많습니다.

어린 시절 그림책으로 만나게 되는 도형들은 아이들에게 계산을 요구하지 않습니다. 초등학생만 되더라도 넓이, 둘레, 부피를 계산해야 합니다. 개념을 이해하기도 바쁘니, 그 너머의 계산은 당연히 힘이 듭니다.

그림책으로 만나는 도형은 아이들의 오감을 자극합니다. 평면으로 된 그림책인데도 불구하고 입체적인 느낌을 아이들에게 주려고 노력합니다. 그림책이 노력하는 만큼 아이들은 쉽게 받아들일 수 있습니다. 수학 때문에 머리 아팠던 어머님들의 과거를 생각하지 마세요. 아이들은 직관적이고도 친절한 그림책을 통해서 수학과 처음 만나게 됩니다.

〈대표 추천 도서〉

° 『Color Zoo』(Lois Ehlert)

    도형책이자 색깔책이자 동물책도 될 수 있는 Color Zoo입니다. 인기 있는 그림책인 만큼 다양한 판형으로 출간이 되었는데요. 보드북을 추천합니다. Color Zoo의 경우 페이지마다 도형 부분이 다 뚫려 있습니다. 즉 동그라미, 네모, 세모, 마름모 등의 도형들을 손으로 만져볼 수 있어요.

    책의 페이지를 넘길 때마다 도형이 하나씩 사라지면서 새로운 동물들이 나타납니다. 첫 페이지의 호랑이 얼굴에서 한 장을 넘기면 동그라미가 사라지면서 생쥐가 됩니다. 사라진 동그라미는 생쥐의 왼쪽에 보이고요.

    이 책은 도형, 색깔, 동물을 다 익힐 수 있는 책인데 굳이 도형책으로 분류한 이유는 직관적인 표현 때문입니다. 아이에게 특별히 알려주지 않아도 아이는 사라진 부분에 대한 유추를 하게 되고 유추의 결과를 바로 확인할 수 있습니다.

루이스 앨럿의 작품은 계속해서 등장할 텐데 왜 제가 이렇게 이분의 책을 좋아하는지 아시겠지요? 부담 주지 않고 즐겁게 보는데 생각이 확장되는 그림책은 정말 많지 않습니다.

"CIRCLE = 동그라미" 이런 개념을 알려주는 것을 두려워하지 마세요. 지식의 문을 여는 것은 호기심입니다. 아이들은 분명 영어로, 한글로 어떤 단어가 연결되는지 궁금해하고 스스로 깨칠 것입니다. 명칭을 제대로 알아야 개념 확장이 가능합니다.

◆ TIP : 아이와 함께 놀기

1. 색종이로 도형 모양을 잘라봅니다. 아직 가위질이 서툰 아이라면 미리 잘라 색종이로 준비해도 좋습니다. 그림책의 장면들을 보면서 동물들의 얼굴들을 그리고 하나씩 넘기면서 얼마나 비슷한지 비교해 보세요. 엄마와 아이가 대결한다면 더 재미있습니다. 동물들의 얼굴을 마음대로 그려보는 것도 색다른 재미입니다.

2. 그림책의 도형들을 가지고 새로운 동물을 구상해 봅니다. 색종이나 도화지로 기본 도형들을 그리고 책에 나오지 않은 동물들을 그려보게 합니다. 그리고 그것들을 엮으면 나만의 Color Zoo를 만들 수 있습니다.

3. 손이 야무진 친구라면 그림책처럼 도형 부분을 잘라내게 해 주세요. 그리고 책에 나와 있는 스펠링을 보면서 빈 공간에 도형의 이름들을 써 봅니다. 여기서 중요한 것은 학습이 아니라 놀이라는 점입니다. 글자 크기가 안 맞고, 대소문자가 좀 틀려도 전혀 문제없습니다.

4. 일회용 둥근 접시에 색종이들을 오려 붙여가면서 모양을 하나씩 만들어가는 것도 좋습니다. 이 놀이의 경우 여러 번 할 수 없다는 단점이 있지만 가장 그럴듯한 Color Zoo를 만들 수 있어요. 손잡이를 만들어 붙여주면 부채가 됩니다.

5. 책을 읽을 때 뒤에서부터 보세요. 앞에서부터 볼 때는 하나씩 도형을 덜어내는 책이었다면 뒤에서부터 읽을 때는 하나씩 더해지는 책이 됩니다. 책의 읽는 방향을 바꾸기만 해도 양의 많고 적음까지 배울 수 있게 됩니다.

6. 이 그림책은 굳이 한글로 볼 필요가 없겠지요? 원서를 보면서 우리말 표현들도 알려주면 됩니다. 도형의 이름을 한글로 아는 친구들에게는 영어를 알려주면 되고, 영어를 아는 친구들은 한글을 알려주면 됩니다. 지식 책에서 중요한 것은 개념입니다. 내가 보고 있는 단어의 명칭과 개념을 연결해 주세요.

<강력 추천 그림책>

1) 『Walter's Wonderful Web』(Tim Hopgood)

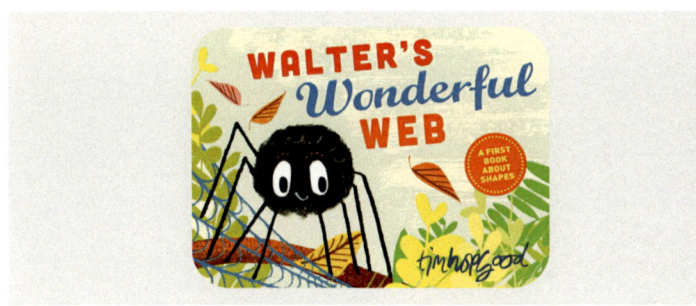

귀여운 거미가 거미줄을 만듭니다. 이 그림책은 스토리도 있어요. 예쁜 모양대로 거미줄을 만들려다가 실패하기도 하고 성공하기도 합니다.

너무 어린 친구들은 스토리보다 그림 읽기를 해 주시는 것이 좋습니다. 혹은 우리말로 이야기를 풀어서 해 주셔도 좋아요.

그림 읽기의 장점은 엄마들이 가장 잘 할 수 있는 방법이라는 것입니다. 여기 무엇이 있니? 한 마디면 그림 읽기가 시작됩니다. 애써 만든 거미줄이 부서졌을 때 거미의 기분이 어떨지, 또 완벽한 거미줄을 만들었을 때의 기분도 물어보면서 아이와 대화를 이어 나가세요.

이야기의 흐름을 아이와 느끼고 장면에서 재미있는 지점을 찾아가는 것이 그림책을 읽는 이유입니다. 단순히 지식을 배우기 위해 지식 책을 읽는다면 가장 중요한 재미를 놓치게 됩니다. 얼굴 표정과 눈동자만 봐도 월터의 기분이 느껴지지요? 감정을 제대로 드러내는 월터를 보면서 우리 아이들과 많은 이야기를 나눠 주세요.

2) 『Mouse Shapes』(Ellen Stoll Walsh)

귀여운 생쥐들이 길을 가다가 도형 더미를 만납니다. 생쥐들은 도형

으로 이것저것 만들어보기 시작합니다. 신나게 놀다가 고양이를 만나서 도망칠까 하다가 좋은 아이디어를 내게 되지요. 이 책 역시 이야기의 흐름이 재미있습니다.

집에 입체 도형 블록이나 평면 도형 블록이 있다면 생쥐 친구들을 따라 만들어도 좋고요. 블록이 없다면 색종이로 잘라 만들어도 재미있는 놀이를 할 수 있습니다. 혹은 도화지에 그림으로 그려도 좋습니다.

동물을 싫어하는 친구들은 많지 않아요. 생쥐도 실제 생쥐가 아닌 종이로 만든 것 같은 생쥐들은 아이들에게 친근감을 줍니다. 꼭 자기가 만든 생쥐 같은 느낌이거든요. 도형을 잘 만드는 친구라면 생쥐도 색종이를 잘라 만들어 보세요.

3) 『Amazing Visual Math』(DK Publishing)

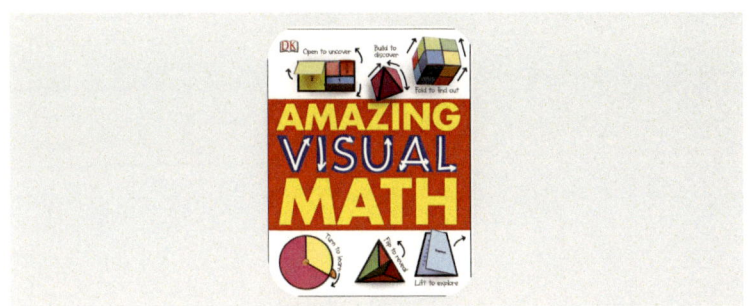

한빈이가 얼마 전까지만 해도 종종 들춰볼 정도로 오랫동안 사랑받은 책입니다. 그림책이 아니고 지식책에 속하지만, 장점이 굉장히 많은

책이라 추천을 정말 많이 했던 책입니다. 일단, 책에 있는 영어들을 보고 놀라지 마세요. 우리는 입체 도형 놀이를 하려고 이 책을 보는 것입니다.

두꺼운 하드보드지로 만들어진 책이라 일단 튼튼합니다. 아이들이 수도 없이 접었다 폈다 해도 찢어지지 않아요. 2차원 적 평면도형부터 3차원 입체도형까지 만들어 볼 수 있고 펼쳐볼 수 있습니다.

아이들이 초등학교 고학년에 올라가면 전개도 부분에서 고전하는 경우가 많습니다. 공부로만 접근하면 수학의 개념은 참 재미가 없습니다. 내가 직접 만들어 보고 느껴보는 것이 습득할 수 있는 가장 좋은 방법입니다.

5세 이상의 아이들에게는 한글과 영어의 명확한 명칭을 말해주어야 합니다. 당장 외우라는 말이 아닙니다. 대화할 때는 아직 영유아 시기의 언어를 쓰지만 지식의 경우 처음부터 정확하게 알고 진행하는 것이 나중에 올 혼란스러움을 방지할 수 있습니다.

〈그 밖의 추천도서〉

◦ 『Curious George Shapes』(H. A. Rey)

세상에서 가장 인기 있는 원숭이 조지와 함께 도형을 배웁니다. 이 캐릭터를 좋아하게 된다면 나중에 Curious George 이야기 책 시리즈로 확장할 수 있어요.

◦ 『We Are Shapes』(Melinda Beck)

표지만 봐도 정말 귀엽습니다. 따뜻하고 귀여운 캐릭터들은 아이들의 긴장을 녹여줍니다. 지식 책을 싫어하는 친구들은 이런 분위기의 책도 추천합니다.

◦ 『Dino Shapes』(Suse MacDonald)

공룡과 도형! 왠지 절대 실패하지 않을 것 같은 조합이지요? 공룡 좋아하는 친구는 강력 추천합니다.

◦ 『Acetate Series : Shapes』(PatrickGeorge)

탈 것에 호기심 있는 친구들도 많지요? 탈 것 속에서 도형들을 찾아봅니다.

◦ 『Shapes (Zoe and Zack)』(Jacques Duquennoy)

화가 얼룩말이 투명한 캔버스에 도형을 그리기 시작합니다! 구성이 굉장히 신선한 그림책이에요.

◦ 『Roald Dahl: Shapes』(Roald Dahl, Quentin Blake)

아기 그림책에는 어울릴 줄 몰랐던 삽화인데요. 또 다른 매력이 있습니다.

◆ 책 레벨

제목	AR	Lexile®	QR 코드
Color Zoo			
Walter's Wonderful Web			
Mouse Shapes	1.7	AD480L	
Amazing Visual Math			
Curious George Shapes			

We Are Shapes			![QR]
Dino Shapes			![QR]
Acetate Series : Shapes	2.1		![QR]
Shapes			![QR]
Roald Dahl: Shapes			![QR]

동물 그림책은 언제나 인기

대부분의 아이들은 동물을 사랑합니다. 아이마다 좋아하는 동물의 종류도 다양하지요. 동물들을 알면서 동물이 사는 환경에 대한 관심이 생깁니다. 그 관심이 확장되면 자연에 대한 관심까지 생기게 됩니다.

아이들이 좋아하는 캐릭터 중에는 동물을 의인화한 캐릭터들이 많습니다. 학습을 시작하고 인성을 배우고 교훈을 알려주는 모든 이야기의 시작은 동물 이야기이기도 합니다.

미취학 아동기까지는 현실과 환상의 세계를 구분하지 않습니다. 동물이 말을 해도 이상하지 않고, 오히려 더 쉽게 빠져듭니다. 아이들의 마음은 열려 있다고 하지요? 편견 없이 열린 마음을 가지게 해 주는 것이 바로 동물들의 이야기입니다.

동물들과 함께 노래를 배우고, 도형을 배웁니다. 산과 들에 대해 배우고 바다에 대해서도 배웁니다. 친구와 함께하는 사회에 대해서도 배울 수 있습니다. 아이들이 보게 될 첫 그림책에는 반드시 동물이 들어가 있을 것입니다. 그래야 아이들이 편안하게 책의 세계로 들어올 수 있으니까요.

〈대표 추천 그림책〉

◦ 『Dear Zoo』(Rod Campbell)

　동물원에 편지를 쓴 주인공! 동물을 보내 달라고 합니다. 그리고 받은 동물은 무엇일까요? 아이들이 좋아하는 수수께끼와 플랩북이 합쳐진 형태의 이 그림책은 끝까지 아이들의 호기심을 유발합니다. 더 재미있는 점은 내용을 다 알고도 아이들은 이 책을 수백 번은 볼 거라는 것입니다. 표지부터 아이들과 이야기할 것이 많습니다. 어떤 동물인지 눈에 훤히 보이지만 아이들은 질문하고 답하기를 반복하고 싶어 합니다. 주인공이 받은 상자 앞에 쓰인 주의 문구들은 동물의 특징을 표현하고 아이들은 어휘의 양을 늘려갈 수 있습니다.

　표지는 두꺼운 하드보드지로 되어 있지만 내부의 플랩들은 살짝 두꺼운 종이로 되어있습니다. 일반 종이나 코팅된 그림책 종이들보다는 두껍고 빳빳한 느낌입니다. 그렇다 하더라도 아이들이 잡아당겨서 찢어지기

쉬우니 너무 어린 아기보다는 조금 말을 알아듣는 친구들부터 보는 것을 추천합니다. 동물 책이라고 유치하지 않습니다. 문장과 상자의 표현들을 익힌다고 생각한다면 영유아기에 보고 멈추기엔 아까운 책입니다.

◆ TIP : 아이와 함께 놀기

1. 집에 있는 동물 모형들을 이용해서 놀이를 합니다. 어린아이가 있는 집에 플라스틱 혹은 원목으로 된 동물 모형들이 있기 마련입니다. 책에 나와 있는 동물들도 좋고요. 나오지 않은 동물들도 좋습니다. 아이들이 키우고 싶은 동물들을 맨 마지막에 배치하고 그림책을 읽어주세요. 동물이 배달될 때마다 아이에게 동물을 찾아달라고 하세요. 그림책 이야기가 현실로 튀어나와서 굉장히 좋아합니다.

2. 그림책에 있는 동물 이동 상자를 대신할 바구니를 준비하세요. 이번에는 엄마가 주인공이 되고 아이가 동물원 직원 역할을 합니다. 바구니에 동물을 넣어 배달을 해주는데 엄마가 계속 거절합니다. 그때 아이가 떼쓰던 모습을 보여주면서 거절을 해 보세요. 내 모습을 생각해 볼 시간이 될 수 있습니다. 너무 놀리지는 마세요.

아이가 울어버릴 수 있으니까요.

3. 동물 모형을 준비하고 이름표도 준비합니다. 이름표는 포스트잇처럼 접착력이 있는 종이로 준비해 주세요. 동물 모형을 덮을 수 있는 크기면 좋습니다. 아이가 연필을 쥘 수 있다면 아이에게 동물들의 이름을 쓰라고 해 주세요. 이름이 쓰인 포스트잇을 동물 모형 위에 붙이면서 놀 수도 있고 마음대로 붙여놓고 떼어가면서 맞는지 틀리는지 확인하면서 놀 수도 있습니다.

4. 일회용 접시에 위아래로 3개 정도 구멍을 뚫습니다. 구멍을 통해 털실을 끼워 동물원 우리를 만들어 주세요. 아이의 소근육을 키워주고 싶다면 시간이 걸리겠지만 아이에게 털실을 끼우게 하면 더 좋습니다. 그리고 동물 카드를 준비해 동물원 우리에 가둡니다. 아이에게 자유를 주고 싶은 동물들을 하나하나 골라 달라고 해 보세요. 이때, 동물 이름을 영어와 우리말로 불러달라고 해 보세요.

5. 위의 놀이 방법들은 최소한의 준비로 가능한 놀이들입니다. 놀이의 규모를 키우고 싶다면 큰 박스를 동물원 우리로 만들고 동물 인형을 가지고 놀아도 됩니다. 혹은 빈 박스에 흰 종이를 붙이고 상자를 꾸며보는 것도 방법입니다.

놀이는 자주 해야 하고, 준비하는 엄마가 지치면 안 됩니다. 제가 제안하는 놀이들은 소소하고 시시해 보이지만 최소한의 준비로 최대의 행복을 줄 수 있는 방법들이라는 것 다시 한번 강조합니다.

〈강력 추천 그림책〉

1) 『Hooray for Fish』(Lucy Cousins)

물고기를 좋아한다면 당연히 추천합니다. 물고기를 좋아하지 않아도 추천합니다. 책 표지의 사랑스러운 엄마와 아기 물고기를 보세요. 우리 아이와 나의 모습임이 분명합니다. Lucy Cousins의 작품 속 물고기의 표정은 사람 같습니다.

아이들이 거부감 없이 접근할 수 있는 바로 그 이유입니다. 감정에 대한 표현들도 나오는데 물고기의 표정만 봐도 감을 잡을 수 있습니다. 물고기들의 표정을 흉내 내면서 놀다 보면 다양한 형용사들을 자연스럽게 습득할 수 있습니다. 물고기들의 숫자를 세면서 놀 수도 있고요. 그림 그리기 좋아하는 친구들이라면 따라 그리면서 노는 것도 정말 좋습니다.

2) 『Old Macdonald had a Farm』(Illustrated by Pam Adams)

동물 노래하면 바로 이 그림책입니다. 'Old Macdonald had a Farm'은 마더구스이기도 한데요. 노래로 불리던 내용이기 때문에 그림책이 굉장히 다양합니다. 그렇기 때문에 글이 아닌 그림을 그린 삽화가들 이름만 들어갑니다.

농장에 있는 다양한 동물들의 이름을 배우고 동물들의 울음소리를 배웁니다. 우리말과 영어의 동물 울음소리가 다르지요? 닭이 우는 소리는 똑같은데 소리를 표현하는 의성어는 언어에 따라 다르기 마련입니다. 문화적 다름을 배울 수 있는 책이기도 합니다.

3) 『ABC Animals! : A Scanimation Picture Book』(Rufus Butler Seder)

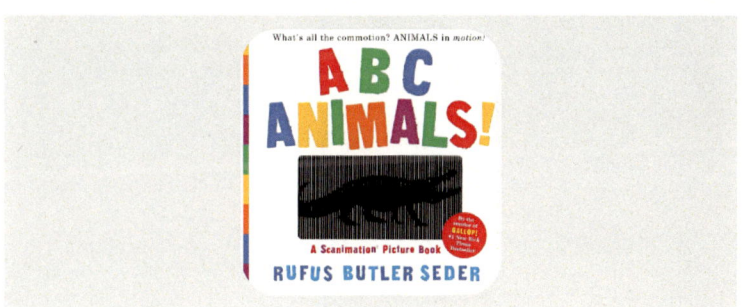

그림자놀이는 아이들이 정말 좋아하는 놀이입니다. 알파벳과 동물, 그림자놀이가 만나 멋진 그림책이 되었습니다. 이렇게 정성이 들어간 그림책을 볼 때마다 감동을 느낍니다. 얼마나 깊은 생각 끝에 그림책을 만들었을까요? 아이들을 사랑하는 마음이 없으면 절대 하지 못할 일이 그림책 작가이기 때문에 늘 감사한 마음을 가지게 된답니다.

처음에는 동물들의 그림자를 보면서 맞추는 재미가 있지만 알파벳으로 시작되는 동물들을 표현한 만큼 글자에도 관심을 가지게 해 줍니다. 더 나아가면 동물 이름의 맨 첫 글자의 음가를 인지하게 되지요. 즉, 알파벳의 이름과 발음이 다르다는 것까지 알아갈 수 있는 그림책입니다.

<그 밖의 추천도서>

◦ 『Magnetology : Animals』(Maud Poulain, Camille Tisserand)

환경에 따라 어떤 동물들이 사는지 알려주는 지식 그림책입니다. 자석동 물들을 붙여볼 수도 있어요.

◦ 『Pop Inside : Animal Homes』(Ruth Symons)

서로 다른 여섯 동물의 집을 입체 팝업으로 소개해주는 책입니다.

◦ 『There Are 101 Animals In This Book』(Campbell Books, Rebecca Jones)

동물들의 이름을 알려 주고 동물 찾기 놀이도 할 수 있는 책입니다.

◦ 『Night Animals』(Gianna Marino)

야행성 동물들을 만나볼 수 있는 그림책입니다. 낯설지만 금세 익숙해집니다.

◦ 『Hello, World! Rainforest Animals』(Jill McDonald)

열대우림에 사는 동물들을 알려주는 그림책입니다.

◦ 『Lets Read Animal Words』(Ji Lee)

정말 기발한 아이디어의 책입니다. 동물들의 이름으로 동물을 만들어요.

◆ 책 레벨

제목	AR	Lexile®	QR 코드
Dear Zoo		150L	
Hooray for Fish			
Old Macdonald had a Farm			
ABC Animals!			
Magnetology			
Pop Inside : Animal Homes			

There Are 101 Animals In This Book			
Night Animals	0.9		
Hello, World! Rainforest Animals			
Lets Read Animal Words			

무슨 색을 좋아할까요

　엄마는 아이의 세상이 다양한 색으로 채워졌으면 좋겠다고 생각합니다. 사계절의 아름다움을 구별하는 것도 색이 있어서 가능하고 동물과 식물의 개성을 드러내는 것도 색입니다. 사람의 경우 감정을 드러낼 때 색을 사용하기도 합니다. 색에 대한 감각은 단순히 아름다움을 말하지 않습니다.

　아이의 기본적인 취향을 알 수 있는 정보가 색입니다. 내 생각과 느낌을 표현하고 다른 사람과 의미를 공감할 수도 있습니다. 좋아하는 한 가지 색으로 머리부터 발끝까지 꾸미기도 하고 싫어하는 색의 음식은 쳐다보지도 않습니다.

　색을 국한된 이미지에 가두지 마시고 자연스레 접근하게 도와주세요. 사회의 통념은 어머님들이 어렸을 때와 많이 달라졌습니다. 기존 세대가 색깔로 인종과 성역할까지 구분하게 만들어 버렸다면 새로운 세대는 바꾸고 있습니다.

　색에 대한 개념은 정말 어릴 때부터 만들어지는 것이기 때문에 부모의 의견이 들어가기 쉽습니다. 아이들의 편견을 키우지 마시고 자율성과 자아 표현의 방법으로 색을 알아가게 해 주세요.

〈대표 추천 그림책〉

◦ 『The Crayons' Book of Colors』(Oliver Jeffers, Drew Daywalt)

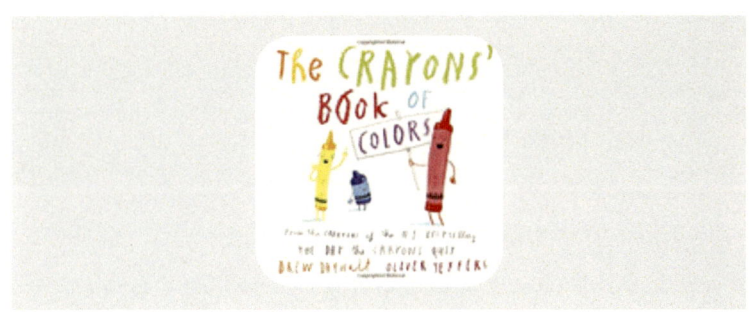

제목부터가 재밌습니다. 크레용의 책입니다. 색깔은 모든 책에 들어가고 이미지들을 완성시키지만 색을 칠하는 크레용이 주인공으로 나오기는 쉽지 않습니다. 크레용을 의인화해서 친구들 간의 관계를 표현한 그림책도 있지만 색 자체가 주인공인 경우는 흔하지 않습니다.

크레용의 책에서 크레용들은 자신의 색으로 그림을 그립니다. 빨간색으로는 빨간색 대표주자인 사과, 하트, 산타클로스, 소방차를 그릴 수 있습니다. 보라색으로는 용과 포도까지 그리지요. 아이들의 일상에 있는 장난감, 그림책에서 볼 수 있는 단순하지만, 명확한 이미지를 가진 주제들을 크레용들이 그리면서 공감할 수 있게 해 줍니다.

여기서 작가가 알려주는 것은 사과를 꼭 빨간색으로 그리라는 것이 아닙니다. 보편적인 이미지를 알려주면서 다른 생각을 해 볼 수 있게 합니다. 무조건적인 자유가 행복을 보장하는 것은 아닌 것처럼 기본적인 색에 대한 이미지를 아는 것도 중요합니다.

◆ TIP : 아이와 함께 놀기

1. 구글에 액티비티를 검색하면 수많은 크레용 도안들이 있습니다. 거기에 색이름까지 써볼 수 있게 표시가 되어 있는 액티비티를 골라서 인쇄를 하세요. 그림책을 보면서 색을 맞게 찾아 칠하고 책에 나와 있는 철자를 쓰게 해 주세요. 그리고 우리말과 영어 매칭을 시켜주세요. 흔히 말해 '명사', 즉 어떤 것의 이름을 지칭하는 말은 분명하게 알아야 합니다. 퍼플과 바이올렛이 같은 색이 아니듯 보라색과 자주색 또한 같지 않습니다.

2. 크레욜라 크레용이 이 책에 나온 크레용과 가장 비슷하게 생겼습니다. 따로 크레용 모형을 만들어도 괜찮지만, 실물을 사용하는 것도 좋습니다. 색깔 이름을 한글과 영어로 포스트잇에 쓰고 크레용과 매칭 놀이를 해 보세요. 짝 맞추기 놀이는 익숙해질수록 속도가 빨라지는데 그만큼 인지 능력이 좋아진다는 뜻입니다.

3. 가장 쉬운 방법입니다. 그림책의 그림을 따라 그리는 것입니다. 당연히 아이가 그린 그림이 그림책과 똑같지 않겠지만 아이의 생각대로 그린 그림들을 엮어서 책을 만들어 주세요. 단, 그림책처럼 하나의 사물을 그릴 때 한 가지 색만 사용하게 하시고 사용한 색깔 이름을 빈 공간에 쓰게 해 주세요. 아이가 다양한 색을 쓰지 못해서 그러는 것이 아니라 명칭을 배우기 위한 과정입니다.

4. 빈 종이를 8등분으로 접어주세요. 선을 그려주셔도 좋습니다. 10, 16등분 다 좋습니다. 빈칸에 하나의 색깔을 칠해 주세요. 꼼꼼하게 칠하지 않아도 좋아요. 이렇게 만든 색깔판과 크레용의 짝을 맞춰 올려놓게 해 주세요. 이 놀이가 쉬운 친구라면 색과 크레용을 매칭하면서 색의 이름을 한글과 영어로 말하게 해 보세요. 엄마와 대결하면서 해보면 더 재미있습니다. 당연히 부모님은 틀려주셔야 합니다.

〈강력 추천 그림책〉

1) 『Alphaprints: Colors』(Roger Priddy)

제목처럼 print 즉, 지문으로 디자인한 색깔 그림책입니다. 책 오른쪽의 무지개 색 보이시지요? 두꺼운 보드지의 크기가 점점 커지는 구성입니다. 사랑스러운 동물들과 지문의 만남은 생소하면서도 따뜻합니다.

일상의 소재들을 그림책에서 만나면 아이는 대상에 더욱 관심을 가지게 되고 나의 일상이 평범하지 않다고 느끼게 됩니다. 자아가 성장하는 시기에 일상의 특별함은 자긍심을 키워줍니다.

이 그림책의 독특한 기법은 작가의 다른 책에서도 잘 나타납니다. 이 책을 좋아한다면 다른 분야로 확장 독서도 가능하다는 장점이 있습니다. 사진에는 보이지 않지만 그림과 함께하는 영어 문장 또한 색을 표현하면서 마치 글자가 춤을 추는 느낌을 줍니다.

2) 『A Color of His Own』(Leo Lionni)

색깔에 대한 이야기에 자주 등장하는 카멜레온 이야기입니다. 모든 동물들은 저마다의 색을 가지고 있는데 카멜레온은 그러지 못합니다. 노랑이 되었다가 보라색이 되기도 합니다. 다른 동물들이 부러워서 한 가지 색으로 머물려고 했지만 그 또한 마음대로 되지 않아요.

변한다는 것은 카멜레온의 고유성입니다. 고유의 색을 가지지 못해서 속상한 일이 아니라는 것을 깨닫게 되지요.

아이들이 자기가 가진 성격이나 외모적인 특징에 대해 속상해하거나 슬퍼할 때 읽어주면 좋은 책이기도 합니다. 색은 취향 표현의 시작이라고 말씀드렸습니다. 내가 나를 찾아가는 과정의 첫 번째가 바로 취향입니다. 카멜레온 이야기를 읽으면서 아이들이 자기 자신에 대해 생각할 수 있을 것입니다.

3) 『Maisy's First Colors : A Maisy Concept Book』(Lucy Cousins)

사랑스러운 생쥐 1등 메이지입니다. 메이지 시리즈는 다양하게 나오기도 하고 스토리북으로도 많은 책입니다. 색깔책의 특징은 3원색을 바탕으로 확장해 나간다는 것인데요. 아이들이 처음 보는 책이니만큼 여러 가지 색을 알려주는 것이 아니라 기본에 충실한 내용을 담고 있습니다.

엄마가 책을 읽어 줄 때 실감 나게 읽어준다면 아이가 더 재미있어하겠지요? 혹은 정말 사과를 들고 와서 한입 베어 물면서 읽어주어도 좋습니다. 책이 재밌으려면 엄마의 고생이 살짝 필요하니까요. 색깔책에 나와 있는 사물들은 보통 집에 있기 마련입니다. 일상에서 사물들을 찾아 책의 내용과 연결시켜 주세요. 언어의 습득은 반복을 하면서 자연스럽게 되는데 지겨운 반복은 역효과를 불러일으킬 수 있습니다. 다양한 표현 방법을 연구하셔야 합니다.

<그 밖의 추천도서>

◦ 『Chuck Murphy's Color Surprises Pop-up』(Chuck Murphy)

　책을 펼치면 정말 놀라운 입체 팝업들이 나타납니다. 작가의 창의력으로 만든 팝업이 아이들의 상상력을 키워줄 수 있습니다.

◦ 『The Colour Monster: A Pop-Up Book of Feelings』(Anna Llenas)

　팝업의 예술을 보여주는 책입니다. 괴물 친구들의 여정에 함께해 보세요.

◦ 『What Color Is Night?』(Grant Snider)

　밤이 까만색이 아니라는 것을 아이들은 알고 있습니다. 밤에 아름다워질 수 있는 색을 찾아주세요.

○ 『The Crayon: A Colorful Tale About Friendship』(Simon Rickerty)

이번엔 색깔들이 크레용을 가지고 노네요. 표정만 봐도 아이들이 좋아할 장난을 칠 것 같습니다.

○ 『My Very First Book of Colors』(Eric Carle)

색의 마법사 에릭 칼의 작품입니다. 단순화시킨 이미지와 선명한 색깔이 직관적으로 색에 대해 알게 해 줍니다.

○ 『Vincent's Colors』(William Lach, Vincent van Gogh)

고흐의 작품을 통해서 색을 배울 수 있는 그림책입니다.

◆ 책 레벨

제목	AR	Lexile®	QR 코드
The Crayons' Book of Colors		AD380L	
Alphaprints: Colors			
A Color of His Own	2.3		
Maisy's First Colors			
Chuck Murphy's Color Surprises Pop-up			

The Colour Monster	2.1	
What Color Is Night?		AD310L
The Crayon: A Colorful Tale About Friendship		140L
My Very First Book of Colors - Eric Carle		
Vincent's Colors	3.0	

시간의 흐름을 배워요

시간 개념은 단순히 시계를 볼 수 있는 것을 말하는 것이 아닙니다. 나의 하루로 시작하는 시간의 개념은 낮과 밤, 계절을 이해하면서 시간의 흐름을 배우게 됩니다. 어제와 오늘이 다르고 내일은 아직 오지 않았다는 개념도 알게 되지요. 나의 일상에서 시간을 알고 익히다 보면 흐름 또한 자연스럽게 알아가게 됩니다. 1시간부터 1년까지의 사고의 확장은 아이들의 인지능력과 더불어 커갈 것입니다.

시간의 흐름을 아는 것은 결국 삶에 대한 이야기를 알게 되는 기초 과정이라고 할 수 있습니다. 그냥 알면 되는 것에 괜한 의미를 부여한다고 비판하는 사람들도 있습니다. 잊지 말아야 할 것은 아이들이 태어나서 배우고 익히는 것 중에 당연한 것은 하나도 없다는 것입니다.

육체적인 발달도 수많은 연습으로 이루어지듯 추상적인 개념 또한 그냥 익혀지는 것은 없습니다. 억지로 하는 암기는 탈이 납니다. 하나의 지식을 전달하기 위해 많은 배경을 깔아주고 바닥을 다져야 한다는 것을 잊지 마세요.

지금 우리가 하는 그림책 읽기는 떠먹여 주는 과정이 아닙니다. 결국 혼자 지식을 습득하게 만들기 위한 징검다리 역할입니다. 나 하나 믿고 세상에 온 아이에게 징검다리 정도는 놓아줄 수 있는 엄마가 되어야 합니다.

〈대표 추천 도서〉

○ 『What's the Time, Mr Wolf?』(Annie Kubler)

늑대는 늑대인데 하나도 무섭지 않은 늑대입니다. 어리숙한 모습에 웃기기도 합니다. 아빠 늑대는 아들 늑대를 잘 챙겨줍니다. 책 가운데 구멍이 뚫려 있고 아빠 악어는 헝겊 인형으로 되어 있습니다. 당연히 아이들은 재미있게 놀 수 있겠지요.

시간을 안다는 것은 나의 하루에 체계가 잡힌다는 것입니다. 점심을 먹고 쉬는 것도 나의 일과니까요. 아이들에게 어쩌면 가장 중요한 시간인 식사 시간을 알려주는 그림책입니다. 엄마의 눈치를 보지 않고 마구 흘리는 늑대 부자를 보면서 아이들은 대리 만족을 느낄 수 있습니다.

'What's the Time, Mr Wolf?'라는 질문에 대해 시간을 말해주고 무슨 일을 해야 하는지 말하는 구성은 노래만 익히더라도 시간 질문에 대한 회화를 바로 배울 수 있게 해 줍니다.

◆ TIP : 아이와 함께 놀기

1. 이 그림책은 롤플레잉이 재미있습니다. 질문하는 사람과 대답하는 사람의 역할을 바꿔가면서 놀 수 있습니다. 여기서 늑대 역할을 맡으면 헝겊 인형에 손가락을 끼울 수 있습니다. 아이들은 이런 놀이를 굉장히 좋아합니다. 늑대 흉내도 내면서 신나게 놀 것입니다.

2. 그림책 내용으로 일과표를 만들어 보세요. 그림책의 내용을 표로 그려보는 것이지요. 완벽한 문장을 원하는 것이 아닙니다. 시간과 할 일을 표로 만들고 늑대 흉내를 내어 하루를 보내봅니다. 일정 속에 다른 내용도 포함해도 좋습니다. 책 읽기, 요리하기 등등 아이들이 좋아하는 활동을 넣어주세요. 그리고 그림책의 가사를 바꿔 노래 부르고 읽기도 해 봅니다.

3. 나의 일과표를 만들어 봅니다. 어린 친구들은 조금 어려울 수도 있겠지요? 그럴 때는 엄마가 글을 써주시면 됩니다. 일과표를 꾸밀 때는 친구들이 스티커를 붙이면서 꾸미면 됩니다. 일과표를 만들고 지키다 보면 너무 무리한 계획을 세우지 말아야 한다는 것을 자연스럽게 배울 수 있습니다. 일과표를 지켰다면 지킨 만큼, 어겼다면 어긴 만큼 아이들은 배우는 게 많을 것입니다.

4. what's the time Mr. wolf worksheet를 검색해서 활용해보세요. 이 그림책 역시 굉장히 다양한 버전으로 출간된 만큼 워크시트의 종류는 상상을 초월합니다. 시간을 배울 수 있는 워크시트를 활용해 주세요. 유치원 다니는 친구들이라면 글자를 써 보는 것도 아주 좋습니다. 글자를 쓰게 될 경우 되도록 네 줄 노트에 써야 한다는 것 잊지 마세요.

5. 그림책으로 충분히 표현을 익혔다면 아이에게 직접 질문해 보세요. 미스터울프라고 불러도 좋고 아이의 애칭을 넣어도 좋습니다. 아이가 시계를 보게 된다면 아날로그 시계로 해도 되고요. 아직 시계를 읽지 못한다면 디지털시계로 대답하게 하면 됩니다. 문장을 정확히 말하는 것에 집착하지 않아도 됩니다. 숫자만 말할 수도 있고요. 말끝을 흐릴 수도 있습니다. 그것이 시작입니다. 시작은 서툴고 어색하기 마련입니다.

〈강력 추천 그림책〉

1) 『Maisy's First Clock: Turn the Hands to Tell The Time!』(Lucy Cousins)

시계를 배울 수 있는 메이지 책입니다. 보드북으로 튼튼하고요. 왼쪽에 있는 시계는 돌리면서 숫자를 맞춰볼 수 있습니다. 아직 숫자를 모르는 친구들도 엄마가 그림책을 읽어주면서 시간을 표현해 주세요. 메이지를 따라서 하루 일과를 짜 보는 것도 아주 좋습니다.

메이지는 식사도 하고 마트에 쇼핑도 하러 갑니다. 저녁에는 목욕도 하고요. 우리와 다를 것 없는 그림책 주인공의 일상이 아이들에게 동질감을 느끼게 해 주고 해 보지 못한 영역에 대해서는 도전해 보고 싶어 합니다. 그림책의 캐릭터가 가지는 힘은 굉장히 큽니다. 없던 용기까지 생기게 하기 때문이지요. 아이들의 일상에 무슨 용기가 필요하겠냐 하지만 새로운 것에 대한 도전이 두려운 친구들도 많습니다. 귀여운 캐릭터들의 행동을 보면서 행동할 수 있게 도와주세요.

2) 『Good Day, Good Night』(Margaret Wise Brown)

조금은 예스러운 그림이 매력인 마가렛 와이즈 브라운의 작품입니다. 출간은 2018년이지만 처음 쓰인 시기는 1950년이라고 합니다.

새로운 하루의 기쁨을 알고 있는 토끼는 어른들에게도 감동을 줍니다. 하루 종일 반가워하고 인사를 건네는 토끼를 보면 우리 아이들과 같다는 생각을 합니다. 우리가 잊고 있는 일상의 소중함을 아이들과 토끼는 아직 잊지 않았습니다.

부드럽고 따뜻한 분위기, 사랑스러운 토끼의 인사는 잠자리 독서에 이 책이 빠지지 않게 해 줄 것입니다. 하루의 시작과 끝이 같이 보이는 표지는 우리에게 감동을 줍니다. 하루의 시작은 당연한 것이 아닌 것을 깨닫고 감사하는 마음을 가지게 합니다.

3) 『Jasper's Beanstalk』(Mick Inkpen, Nick Butterworth)

고양이 제스퍼가 콩을 심어놓고 싹이 나오기만을 바랍니다. 매일매일 콩을 열심히 돌봐주는데 콩은 나올 생각을 하지 않습니다. 귀여운 고양이 제스퍼의 행동은 마치 상추씨를 심어놓고 싹이 트기만을 기다리는 우리 아이들 같습니다.

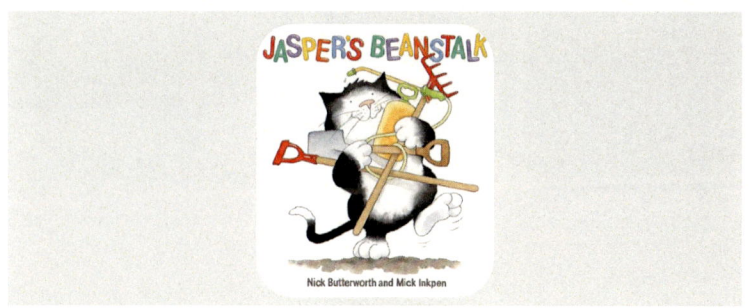

제스퍼의 일상을 따라가면서 자연스럽게 요일 단어들을 배우게 됩니다. 요일마다 무슨 일을 하는지 그림으로 표현이 되어있기 때문에 구체적인 설명보다는 분위기나 뉘앙스를 알려주세요. 조금 큰 친구라면 표현을 정확하게 말씀해 주셔도 됩니다.

결국 기다리다 싹이 나고 쑥쑥 콩이 자라게 되지요. 시간의 흐름, 싹이 트기까지의 정성, 그리고 안내하는 방법까지 알려주는 그림책입니다.

<그 밖의 추천도서>

◦ 『Moon: Night-time around the world』(Britta Teckentrup, Patricia Hegarty)

아이들이 알지 못하는 밤의 이야기들이 아름답게 펼쳐집니다.

◦ 『Time to Sleep, Sheep the Sheep』(Mo Willems)

우리 아이들은 왜 이렇게 잠들기 싫어할까요? 친구들에게 자러 갈 시간이라고 이야기해 주세요.

◦ 『Good Night, Gorilla』(Peggy Rathmann)

밤에 안자고 장난치는 고릴라! 어떤 장난을 치는지 표지를 바로 넘겨 보고 싶어집니다.

° 『Tree: Seasons Come, Seasons Go』(Britta Teckentrup, Patricia Hegarty)

부엉이가 살고 있는 나무의 변화를 보면서 계절이 오고 가는 것을 알 수 있어요.

° 『A Busy Year』(Leo Lionni)

부지런한 생쥐들의 바쁜 1년을 따라가 보다 보면 계절의 변화를 배울 수 있습니다.

° 『Lift-the-Flap Telling the Time』(Rosie Hore, Shaw Nielsen)

그림책은 아니지만 어스본 지식책은 소장 가치가 충분합니다. 번역서도 추천합니다.

◆ 책 레벨

제목	AR	Lexile®	QR 코드
What's the Time, Mr Wolf?			
Maisy's First Clock: Turn the Hands to Tell The Time!			
Good Day, Good Night		AD390L	
Jasper's Beanstalk	1.7		
Moon: Night-time around the world			
Time to Sleep, Sheep the Sheep	0.6		

Good Night, Gorilla		BR-50L	
Tree: Seasons Come, Seasons Go			
A Busy Year	0.7	530L	
Lift-the-Flap Telling the Time			

감성과 인성 그림책

　세상은 혼자 살아갈 수 없습니다. 엄마들이 아이의 사회성 발달에 노력을 기울이는 것이 바로 이런 이유이지요. 어린이집, 유치원으로 시작되는 아이들의 첫 사회생활을 위해서 어떤 노력을 할 수 있을까요?

　생활 속에서 반복적으로 익힌 습관은 아이들을 성장시킵니다. 언어를 배우기 전에 아이들은 반복 행동으로 신체적 운동능력을 발달시켰습니다. 이제는 뇌로부터 시작하는 정서와 인성을 키울 차례입니다. 감정을 느끼고 다스리는 연습을 하는 것도 어릴 때부터 해야 합니다. 비뚤어진 감정의 태풍은 바로잡기 힘듭니다.

　엄마의 말투와 행동을 따라 하면서 이 활동은 시작됩니다. 아직은 세상의 전부인 엄마의 모든 것을 따라 하는 것이지요. 그와 더불어 그림책의 역할은 아주 큽니다. 그림책에 나오는 나와 비슷한 나이의 친구들을 보면서 배우고 느끼고 반성하기도 합니다.

　'착한' 어린이를 만들기 위해 이런 그림책을 보는 것이 아닙니다. 당당하고 정의로운 어린이가 되고, 상처를 받거나 불합리한 일을 만났을 때 헤쳐 나가는 힘을 키우기 위해 읽는 그림책들입니다.

〈대표 추천 그림책〉

○ 『When Sophie Gets Angry-Really Really Angry』(Molly Bang)

　번역서로 봐도 참 좋은 그림책입니다. 표지의 소피는 무슨 일인지 모르겠지만 화가 나 있습니다. 아이들이 화가 났을 때 어떻게 달래 주시나요? 화가 풀릴 때까지 그냥 두시나요? 아이의 성향에 따라 화를 푸는 방법도 다를 것입니다.

　소피는 사소한 일로 언니와 다투고 집 밖으로 나갑니다. 장면 장면이 소피의 감정을 대변해 줍니다. 아이에게 소피의 기분을 말해주지 않아도 아이가 느낄 수 있을 정도지요. 소피의 마음은 어떻게 풀릴까요? 누가 옆에서 풀어준 것도 아니고 끝까지 화를 내고 있었던 것도 아닙니다.

　스스로 화를 다스릴 경지에 오르는 것은 쉽지 않습니다. 화라는 것은 어쩌면 부족한 자신의 모습이 싫어 표현하는 감정이니까요. 내가 나의 감정을 인정해야 화가 나지 않을 테지요. 선명한 색채로 표현된 소피의 마음을 같이 들여다봐 주세요.

  작은 일에도 화를 내는 아이가 있다면 이 그림책을 같이 보면서 스스로 느끼게 해 주세요. 내 마음은 나의 것이기 때문에 스스로 조절할 수 있습니다.

◆ TIP : 아이와 함께 놀기

1. 표지를 보면서 할 수 있는 질문

① 소피의 기분이 어떤 것 같니?

② 소피에게 말을 걸어보고 싶니?

③ 말을 걸었는데 소피가 대답하지 않으면 어떨 것 같아?

④ 우리 OO이는 언제 소피 같은 표정이 되니?

⑤ Angry를 다른 감정으로 바꿔볼까?

⑥ 소피 얼굴이 왜 빨간색 틀에 들어 있을까?

⑦ 소피 표정을 흉내 내볼까?

⑧ 소피 표정을 흉내 내보니 기분이 어때?

2. 그림책을 읽어 주실 때

① 그림책은 그림을 봐야 합니다. 글자만 부지런히 읽고 넘기지 마세요.

② 한 페이지의 글자를 읽어주고 그림에 대한 이야기를 나누세요.

③ 소피의 기분에 따라 배경이 어떻게 변하는지 물어보세요.

④ 소피의 마음이 풀렸을 때의 기분을 표현하게 해 보세요

⑤ 소피와 같은 일을 겪었을 때 나는 어떻게 해결하는지 이야기 나눠 보세요.

⑥ 엄마는 이럴 때 이랬는데 00이는 어떨 때 저런 마음이야? 라고 물어보세요.

⑦ 화는 정말 나쁜 것인가에 대해 이야기 나눠 주세요.

⑧ 소피 표정을 흉내 내보니 기분이 어때?

3. 그림책을 읽은 후

① 나의 감정에 따른 색을 골라 감정 판을 만듭니다. (기쁨, 슬픔, 화, 놀라움 등등)

② 감정판의 색을 서로 고르면서 어떨 때 그런 기분이 드는지 이야기를 나눕니다.

③ 감정이 몰려왔을 때 대처 방법에 대한 이야기를 나눕니다.

이 질문들은 한 번에 쏟아내는 것이 아닙니다. 그림책은 자주 보고 느껴야 합니다. 아이의 나이와 성향, 성별에 따라 그림책을 받아들이는 정도가 다릅니다. 우리 아이에 맞춰 진행해 주세요. 영어 그림책을 읽고 우리말로 대화해도 괜찮습니다. 오히려 우리말로 대화해야 아이의 생각이 깊어집니다. 아이의 모국어를 잊지 마세요.

<강력 추천 그림책>

1) 『The Crocodile Who Didn't Like Water』(Gemma Merino)

왜 악어가 물을 싫어하지? 라는 질문으로 시작할 수 있는 그림책입니다. 악어인데 물을 싫어한다는 것이 얼마나 힘들었을까요? 아이들의 세계에서 독특함은 개성이라고 이해시키기가 어렵습니다. 아이들도 또래의 사회에 속하고 싶어 합니다.

악어의 감정을 따라가면서 자연스럽게 이야기를 나눠볼 수 있습니다. 모두가 같을 수 없는데 같기를 바라는 것은 아닌지, 혹은 우리 아이가 그런 편견을 가지고 있는 것은 아닌지 말입니다. 다른 악어들과 가까워지려고 노력하는 주인공에게 용기의 박수를 줄 수도 있고요.

미운 아기 오리와 비슷한 내용이지만 악어의 태도가 다릅니다. 악어가 노력해도 물과 친해지지 못했던 이유는 따로 있습니다. 결론의 내용을 가지고도 아이와 이야기해 보세요.

2) 『We Are (Not) Friends』(Anna Kang, Christopher Weyant)

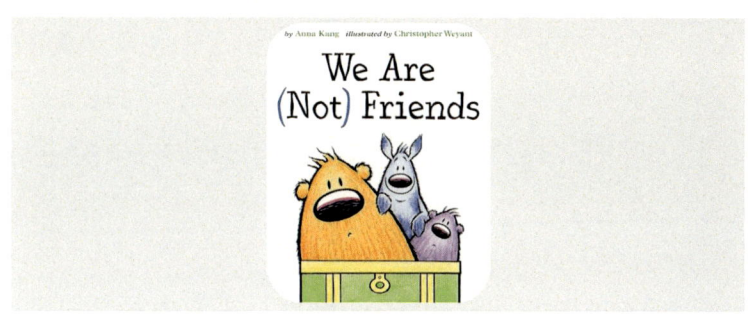

이 그림책의 작가님도 위트가 넘치시지요. (　)하나로 반전을 알려주는 작가님이십니다. 제목은 'We Are (Not) Friends'이지만 시작은 'Can I play with you?'로 시작합니다. 어떤 이야기가 펼쳐질지 감이 잡히시나요?

추측이 가능한 이야기인데도 아이들은 재미있어합니다. 자신이 겪었거나 친구들이 겪었던 상황들이 떠오르기 때문입니다. 이 그림책의 주인공들은 친구가 될까요, 안될까요?

아이들이 어린이집이나 유치원에서 겪을 수 있는 미묘한 감정 변화를 짧은 대화체로 표현합니다. 둘이 친하게 지내고 있는데 새로운 친구가 나타난다면 갈등이 시작됩니다. 아이들의 갈등은 어떻게 해소되는지 지켜봐 주세요. 길지 않은 대화로도 많은 이야기를 하는 그림책입니다.

3) 『My Friends Make Me Happy! (Giggle Gang)』(Jan Thomas)

유쾌한 캐릭터들이 사랑스러운 그림책입니다. 책 제목에서 이미 정답이 보이는데 친구들은 왜인지 자꾸 틀린 답만 이야기합니다. 가족과 지내던 아이가 친구들을 알게 되면서 세상에 대해 눈을 뜨게 됩니다.

친구들을 좋아하는 아이도 있고 찾지 않는 아이들도 있지요. 어느 쪽이어도 엄마는 걱정이 됩니다. 친구들을 너무 좋아해도 걱정, 찾지 않아도 걱정이지요. 이 그림책은 엄마 입장에서 봐도 느끼는 것이 많은 그림책입니다. 내 아이를 가장 행복하게 해 주는 존재가 친구라니! 아빠라고 해도 슬퍼지려는 어머님들 계시지요? 아이들은 사회적 존재입니다. 독립적인 존재고요. 우리의 손을 떠나 자주적인 삶을 살려면 부모보다 친구가 더 필요합니다. 아이의 변화를 슬퍼하지 마시고 받아들여 주세요.

<그 밖에 추천도서>

° 『No Kimchi For Me!』(Aram Kim)

유미는 왜 김치를 못 먹을까요? 결국 먹게 될까요? 김치가 소재인 재미있는 그림책입니다.

° 『The Bad Seed』(Jory John, Pete Oswald)

표정만 봐도 나빠 보입니다. 이 나쁜 씨앗이 어떤 일을 겪게 될지 상상해 보세요.

◦ 『Pip and Posy: The Friendly Snail』(Axel Scheffler, Camilla Reid)

사랑스러운 Pip과 Posy의 우정 이야기입니다.

◦ 『Today I Feel... : An Alphabet of Feelings』(Madalena Moniz)

알파벳에 따른 감정 단어들을 배울 수 있는 그림책입니다.

◦ 『The Feelings Book』(Todd Parr)

나의 감정을 명확하게 표현하는 연습을 할 수 있는 그림책입니다.

◦ 『Ruby's Worry』(Tom Percival)

루비는 무엇을 걱정하고 있을까요? 걱정 많은 친구들에게 추천입니다.

◆ 책 레벨

제목	AR	Lexile®	QR 코드
When Sophie Gets Angry-Really Really Angry	1.4		
The Crocodile Who Didn't Like Water	2.0		
We Are (Not) Friends			
My Friends Make Me Happyk	0.8	250L	
No Kimchi For Me	1.3		

The Bad Seed	2.0	AD390L	
Pip and Posy: The Friendly Snail			
Today I Feel... : An Alphabet of Feelings			
The Feelings Book	1.8		
Ruby's Worry	3.1	AD620L	

논픽션의 시작

논픽션을 생각하면 선명한 실제 사진이 들어간 책들을 생각합니다. 아이들이 실사를 보기 전 그림으로 접근하면 편안하게 받아들일 수 있습니다. 분명한 사실이지만 아이들에게 자극적으로 다가갈 수 있습니다.

아이들의 논픽션은 그림책으로 시작하는 것이 좋습니다. 실사를 보게 되었을 때 특이점이 없는 친구들도 있지만 강렬한 사진으로 충격을 받을 수도 있는 것이 사실입니다. 아이들과 동물원을 가서 자연스럽게 동물들을 만나는 것과는 조금 다릅니다.

그림책이라고 상상 속의 세상만 보여주지 않습니다. 자연현상과 과학 이론들, 우주의 신비들을 표현한 그림책도 많습니다.

논픽션이 딱딱하고 재미없다고 보지 않으려고 한다면 그림책으로 시작해 보는 것을 추천합니다. 아이들의 성장 과정에 그림책은 빠지지 않는 도구입니다. 당연히 창작 그림책들을 많이 보게 됩니다. 하지만 아이들이 배워야 할 세상의 이치는 문학에만 들어있는 것이 아닙니다. 논픽션을 어떻게든 아이들 곁에 붙어있게 해 주세요.

〈대표 추천 그림책〉

◦ 『Water』(Frank Asch)

　어렵게 말하면 '물의 순환'입니다. 하지만 물이 증발하여 구름이 되고 다시 비가 내린다는 것은 너무나 자연스러운 일입니다. 작은 눈물 한 방울이 바다가 되고, 땅속에서 시작한 물이 하늘 끝까지 올라가는 그림은 아이들로 하여금 시선을 떼지 못하게 만듭니다. 특히 물을 투명하거나 파란색이 아닌 반짝이는 무지갯빛으로 표현한 작가의 놀라운 표현력에 감탄하게 됩니다. 일상에서 보던 보통의 물이 환상적인 물결이 될 때 아름다움은 배가 됩니다. 빛이 분산되는 것을 표현한 것 같기도 하고요.
　그림책에 나온 물의 색깔이 투명하지 않다고 해서 이 그림책의 논픽션적인 가치가 떨어지는 것은 아닙니다. 수채화적인 삽화와 함께하는 문장들에서 지극히 과학적인 이야기를 하기 때문입니다. 어렵지 않지만 상상 속 이야기가 아닌 현실에 닿은 물에 대한 그림책입니다.

◆ **TIP : 아이와 함께 놀기**

*물, 이슬, 비, 바다, 눈물 등의 표현을 알 수 있는 친구들이 기준입니다. 그 전의 아이들이라면 '물'에 대한 이야기들을 많이 해주세요.

욕실에서 물장난하면서도 그림책 이야기를 할 수 있고 시원한 물 한 잔을 마실 때도 이야기를 꺼낼 수 있습니다.

1. 단어 카드를 만들어 놀 수 있습니다. 카드의 양면에는 한글과 영어 용어를 써 주시고요. 집안에서 용어 찾기 놀이를 합니다. 다른 그림책에서 찾을 수도 있고요. 집안 곳곳에서 찾을 수도 있습니다. 눈물을 찾으려고 일부러 울 수도 있습니다! 단어에 대한 개념 이해를 한다면 용어로의 확장이 훨씬 수월합니다.

2. 실외에서 용어 찾기를 해 봅니다. 이슬이 맺힌 날 이슬에 대해 말해주고 계곡에 놀러 간 날, 물의 흐름에 대해 설명해 주세요. 하늘의 구름을 보면서 어떻게 하늘에 떠 있는지 설명해 주세요. 이 방법은 제가 아이들 어렸을 때 자주 썼는데요. 아이들이 이해를 다 못하더라도 이론 설명을 했었답니다.

3. 빨래 말리기 놀이를 해 보세요. 빨래가 마르는 것은 당연한 일이지만 그 원리를 아는 것은 과학적인 이해가 필요합니다. 아이의 거즈 손수건이나 작은 인형 옷 등 소품을 빨아 말리는 과정에서 물의 증발에 대해 이야기 할 수 있어요. 이때 빨래를 직접 해보면 아이들의 성취감은 더 커집니다. 빨래에 있는 물이 어디로 갔을까? 라는 질문으로 아이와 대화를 시작해 볼 수 있습니다.

4. 다양한 물놀이를 통해 물에 대해 이야기 할 수 있어요. 물총 놀이, 욕실 벽에 낙서하기, 컵에 물을 담아 높은 곳에서 떨어뜨리는 폭포수 놀이 등을 통해 물의 이동 원리와 에너지의 흐름을 설명해 줄 수 있어요. 어렵지 않습니다. 우리는 이미 알고 있어요. 설명을 해보지 않았을 뿐입니다.

5. 아이에게 과학 이야기를 하기 힘들다면 어린이 과학 전집류를 엄마가 먼저 읽어 보는 것을 추천합니다. 도서관 혹은 구매를 통해 아이에게 해 줄 이야기들을 먼저 읽어보세요. 책의 내용을 읽는 것보다 엄마의 말로 듣는 것이 이해가 훨씬 잘됩니다. 엄마의 이야기를 많이 들었던 친구가 스스로 책을 읽게 되었을 때 지식 책을 멀리하지 않으리라는 것은 너무나 당연합니다.

〈강력 추천 그림책〉

1) 『Here We Are : Notes for Living on Planet Earth』(Oliver Jeffers)

　땅에서부터 하늘 그 너머 우주까지, 말 그대로 우리가 사는 장소에 대한 그림책입니다. 올리버 제퍼스의 매력은 뒤에서도 살펴볼 텐데요. 강하지 않은 그림으로 강렬한 메시지를 주는 작가라고 생각합니다. 캐릭터들은 부드럽고 힘이 세지 않으며 어쩌면 소심해 보이기도 합니다.
　이 넓은 우주에서 자기에게 찾아와줘서 고맙다는 이야기도 들어있습니다. 아이들과 함께 본다면 감동이 두 배가 되겠지요. 우리 아이와 함께 이 넓은 세상에서 우리 가족이 만나고 살고 있다는 것이 기적이라는 것을 이야기 나눠 보세요.
　우주에 대한 배움은 단지 우주선이나 개발에 있지 않습니다. 인간이 최고라고 생각하고 살지 않고 세상의 일부분이라는 것을 배울 수 있는 가장 좋은 주제가 우주가 아닐까 합니다.

2) 『On Earth』(G. Brian Karas)

우리는 지구 위에 사람이 서 있는 그림들은 많이 봐왔습니다. 사실은 이 그림책처럼 지구 옆 테두리에 살고 있는데도 말이죠. 표지 그림 하나로 아이에게 중력에 대한 이야기까지 해 볼 수 있는 그림책입니다.

해가 동쪽에서 뜨고 서쪽에서 지는 것이 아니라, 지구가 자전을 하기 때문에 그렇다는 것을 어른들은 다 압니다. 아이들은 언제 알려주는 것이 맞을까요? 아이들에게 말해주는 시기를 고민하지 않아도 됩니다. 처음부터 이해하는 아이는 없으니까요. 그것을 이해할 때가 되면 스스로 이해하게 됩니다. 그때까지 수도 없이 반복해서 이야기해 주어야겠지요.

그런 이야기가 필요할 때 이 책을 같이 보면 참 좋습니다. 자전과 공전에 대한 이야기들도 나오는데요. 내용이 과학책처럼 길고 딱딱하지 않습니다. 필요한 지식들만 전해주고 있습니다.

3) 『Bones, Bones, Dinosaur Bones』(Byron Barton)

　공룡이 나오는 책이라고 해서 꼭 중생대의 자연환경 속에 사는 공룡들을 보여줄 필요는 없습니다. 아이들은 오히려 지금은 살고 있지 않은데 어떻게 공룡을 사람들이 알고 있는지가 궁금할 수도 있습니다.
　이 그림책은 공룡 뼈를 발견하고 모아서 공룡의 형태를 만드는 과정을 보여주는 책입니다. 화석에 대한 이야기이기도 하지요. 사람들의 크기와 공룡의 크기가 저절로 비교됩니다.
　우리나라에서 발견된 공룡 발자국 및 화석이 굉장히 많다는 것 아시나요? 우리나라에서 세계 최초로 발견해 낸 비밀도 상당히 많다고 합니다. 공룡을 좋아하는 친구라면 고생물학자를 꿈꿔도 될 만큼 우리나라의 환경이 좋다는 말이지요.
　공룡 자체를 좋아하지 않더라도 공룡 뼈가 하나씩 조립되면서 완전한 모양이 되는 과정을 보는 것은 누구나 재미를 느낄 것입니다.

〈그 밖의 추천 도서〉

○ 『The Watermelon Seed』(Greg Pizzoli)

아주 비과학적이지만 아이들이 재미있게 볼 수 있는 그림책입니다. 읽고 나서 소화 과정에 대한 책을 보면 아주 좋겠지요.

○ 『Water Is Water: A Book About the Water Cycle』(Jason Chin, Miranda Paul)

물에 대한 지식을 알려주는 그림책입니다. 제목과 표지만큼 직관적이고 아름다운 수채화를 볼 수 있습니다.

○ 『Growing Vegetable Soup』(Lois Ehlert)

야채수프를 어떻게 키울까요? 식물이 씨앗에서 어떻게 크는지 알 수 있는 그림책입니다.

◦ 『Little Life Cycles: Pip』(Maggie Li)

사과 씨의 여행을 따라가 볼까요?

◦ 『Red Leaf, Yellow Leaf』(Lois Ehlert)

가을이 되고 단풍이 들었습니다. 동물들은 무엇을 할까요?

◦ 『What Do You Do With a Tail Like This?』(Steve Jenkins, Robin Page)

단순한 꼬리 맞추기가 아닙니다. 책을 많이 읽는 친구들도 이 책을 신기하게 여길 것입니다.

◆ 책 레벨

제목	AR	Lexile®	QR 코드
Water			
Here We Are : Notes for Living on Planet Earth			
On Earth	3.0	AD540L	
Bones, Bones, Dinosaur Bones		290L	
The Watermelon Seed	1.0	350L	

Water Is Water	240L	
Growing Vegetable Soup	2.0	
Little Life Cycles: Pip		
Red Leaf, Yellow Leaf	3.6	
What Do You Do With a Tail Like This?	3.0	

읽지 않아도 이해되는 그림책

읽지 않아도 이해된다는 표현은 이상합니다. 그림책이라는 단어 자체가 그림을 봐야 하는 책인데 우리는 읽는 것에 익숙합니다. 즉 읽지 않아도 시각적으로 이해할 수 있는 그림책들입니다. 우리는 이미 문자를 알고 있습니다. 원하지 않아도 글자에 눈이 가게 됩니다.

아이들이 글자를 읽지 않고 그림에 집중하면 엄마들은 보통 글자에 집중하게 만들려고 합니다. 그림을 보고 이야기를 하는 것에 대해 낭비라는 생각을 하기도 합니다.

세상 모든 어른이 비슷할 수도 있습니다. 문자를 아는 어른들은 문자의 유혹을 뿌리치기 힘드니까요. 읽지 않아도 이해가 되는 그림책은 아이들에게 매력적으로 다가옵니다. 그림에 대한 설명이나 작가의 생각이 아닌 그림만 있는 경우 할 수 있는 이야기들이 정말 많아집니다.

그림으로 대화를 나눈다는 것은 생각을 나누는 것과 같습니다. 같은 그림을 보면서 다른 이야기를 상상하고 다른 감정들을 말합니다. 그 과정에서 상대방의 감정을 이해하고 생각을 조율하는 능력이 자라게 됩니다.

영어로 대화해야 한다고 생각하시나요? 아닙니다. 영어 그림책을 보면서 우리말로 충분히 이야기 나눠주세요. 아이의 생각은 언어별로 발전하는 것이 아닙니다.

〈대표 추천 그림책〉

○ 『Rosie's Walk』(Pat Hutchins)

　암탉 로지가 산책을 나왔습니다. 로지는 태연하게 짚 더미를 넘고 연못가를 지나갑니다. 이런 로지 뒤를 쫓는 악당 여우가 보입니다. 이 그림책은 표지에서부터 긴장감을 유발합니다. 아이들은 표지를 보면서 무슨 일이 일어날지 말하기 시작할 것입니다.

　여우는 로지를 잡고 싶지만 실패합니다. 어른들은 로지가 집까지 안전하게 돌아갈 수 있다는 것을 알지만 매번 다시 볼 때마다 안전 귀가를 바라게 되는 책입니다.

　태연한 로지의 표정과 약이 오른 여우의 표정 대비가 정말 웃깁니다. 평화로운 농장이 난장판이 될 법도 한데 여우를 빼고는 여전히 아무 일도 없습니다.

　읽지 않아도 이해되는 이유는 단순히 쉬워서가 아닙니다. 말이 없어도 캐릭터의 성격과 생각이 보이게 만드는 작가의 역량이 대단하기 때문이라고 생각합니다. 많은 그림책 중에서도 글자가 거의 없는 그림책을 사랑하는 이유가 바로 그것입니다. 책에 들이는 정성을 가장 잘 알 수 있는 것이 글자 없는 그림책입니다.

◆ TIP : 아이와 함께 놀기

1. 읽지 않아도 되는 그림책으로 할 수 있는 가장 재미있는 놀이는 역설적으로 이야기 만들기입니다. 글자를 쓸 수 있는 친구들은 책에다 이야기를 써도 좋고요. 책이 손상되는 것이 싫으시다면 종이를 쥐여주셔도 좋습니다. 글자 없는 그림책들의 삽화들은 캐릭터의 개성이 더욱 도드라지고 표현 방법이 거침이 없습니다. 아이들이 따라 그리기에도 좋은 소재가 됩니다. 이야기는 만들 때마다 달라진다는 것이 재미의 포인트입니다.

2. 아이와 책을 보면서 여우와 로지의 역할을 해 봅니다. 그 상황에서 여우와 암탉이 할 수 있는 혼잣말들을 번갈아 하면서 책을 읽어봅니다.

로지는 여우가 오는 것을 모르기 때문에 대화 형태는 절대 불가능합니다. 오로지 혼자만의 독백을 하는 모노드라마가 두 편 탄생하는 것입니다. 상대의 생각을 배려하지 않는 독백은 아이들에게 또 다른 매력으로 다가갑니다. 내 마음대로 해도 된다는 것이니까요.

3. 그림책 속 이야기의 전과 후를 상상해 봅니다. 여우는 왜 로지네 농장까지 오게 되었는지 어떤 사연인지 이야기를 꾸밀 수 있습니다. 배가 고파서일 수도 있고, 우연히 들른 것일 수도 있습니다. 그리고 이야기의 끝에 로지는 집으로 들어갔지만, 여우는 어떻게 배고픔을 이겨냈는지에 대한 이야기도 할 수 있습니다.

〈강력 추천 그림책〉

1) 『This is not a book』(Jean Jullien)

　이것은 책이 아닙니다. 말 그대로 책이 아니라는데요. 책의 형태를 하고 있습니다. 그러면 책이 아니면 무엇일까요? 표지부터 재미있는 이 책은 매 장마다 책이 아니라고 말하는 장면들이 나옵니다. 책이 아니기 때문에 페이지를 넘길 때마다 상상할 수 있습니다. 한 장씩 넘길 때마다 전혀 관련 없는 그림들이 이어집니다.

　작가는 무슨 의도로 이런 그림들을 넣었을까요? 라는 생각은 어른들의 생각일 뿐입니다. 복잡한 책을 읽을 수 있는 어른에게는 이유가 있어야 할 것 같고, 의미를 부여해야 될 것 같습니다. 하지만 아이들에게는 그렇지 않습니다. 장면마다 이야기를 만들고 재미있다고 웃게 됩니다. 개연성을 따지기 전에 지금 재미있음에 충실합니다.

　이것은 책이 아니지만 어떤 책보다도 재미있습니다. 아무 말이나 해도 되고 아무 감정이나 표현할 수 있으니까요.

2) 『Changes, Changes』(Pat Hutchins)

　나무 블록 집에서 행복하게 살고 있던 부부에게 큰 일이 생깁니다. 불이 나서 집이 타려고 하자 부부는 블록으로 소방차를 만듭니다. 그런데 웬걸 이번에는 소방차가 물을 너무 많이 뿌려서 바다가 생겨버렸어요. 어른들의 눈으로 보기에는 생각만 해도 답답한 일입니다. 어른들은 문제를 해결할 방법을 찾으니까요. 논리적이지 않은 이야기의 전개는 어른들에게 흥미가 없습니다. 하지만 아이들에게는 전혀 다르게 생각합니다.

　아이들의 시선으로는 블록 부부가 너무 멋집니다. 문제를 척척 해결하거든요. 아이들의 생각은 아직 개연성이 미치기엔 덜 자랐습니다. 그렇기 때문에 이야기가 재미있을 수 있지요. 어른들의 생각이 모두 옳은가에 대해 생각해 보면 그렇지 않습니다. 아이의 생각이 미숙하고 완벽하지 않다고 해서 의미가 없는 것이 아닙니다.

3) 『The Snowman』(Raymond Briggs)

눈사람 아저씨와 여행할 때는 말이 필요 없습니다. 말하지 않아도 다 통하니까요. 눈사람 아저씨의 표정이 다양하지 않음에도 불구하고 감정의 변화가 고스란히 느껴집니다. 눈을 싫어하는 어른들도 어렸을 때는 눈도 눈사람도 좋아했을 테니까요.

아이들은 자기가 좋아하는 눈사람이 진짜 사람이 되었다는 것 자체에 행복감을 느낍니다. 언제 녹을지 몰라 걱정하는 대신 함께 있는 시간을 소중하게 생각합니다. 눈사람이 어떤 사연으로 사람이 되었고 주인공과 돌아다니는지 우리는 알 길이 없습니다. 하지만 글자가 없기 때문에 다양한 사연들을 만들어 낼 수 있습니다.

아이들은 눈사람 아저씨 그림책 안에 나오는 작은 소년이 될 수 있습니다. 대사가 정해져 있지 않아도 할 말이 많아집니다. 글자가 아닌 마음에서 나오는 말을 할 수 있습니다. 아이의 마음을 따뜻하게 해 주고 싶다면 이 그림책을 추천합니다. 글자가 없어도 걱정하지 마세요. 처음에는 아무 말 없이 페이지만 넘겨도 괜찮습니다. 어느 순간 우리 아이가 이야기를 만들고 있을 것입니다.

<그 밖의 추천 도서>

° 『Before After』(Anne-Margot Ramstein, Matthias Arégui)

말 그대로 전과 후가 분명한 그림책입니다. 글자가 없어도 아이들은 이름을 외치게 될 거예요.

° 『My City』(Joanne Liu)

내가 사는 도시를 아이의 시선으로 돌아보는 그림책입니다.

° 『The Game of Lines』(Herve Tullet)

책 전체가 선으로 가득 차 있습니다. 페이지를 넘기며 선을 연결하면 새로운 무늬가 생깁니다. 제목이 왜 The Game of Lines인지 생각해 보세요.

° 『Island』(Mark Janssen)

이곳은 섬일까요? 거북이 등일까요? 섬이 움직이고 바다를 여행합니다. 섬 위의 사람들은 어떻게 될까요?

° 『The Walk』(Celia Sacido)

산책하러 나간 강아지에게 어떤 일이 생길지 궁금해지는 그림책입니다.

° 『Pinocchio: the Origin Story』(Alessandro Sanna)

피노키오가 되기까지의 여정이 담긴 이야기입니다. 정말 아름다운 예술 작품을 보는 듯한 그림책입니다.

◆ 책 레벨

제목	AR	Lexile®	QR 코드
Rosie's Walk			
This is not a book			
Changes, Changes			
The Snowman			
Before After			
My City			

The Game of Lines		▣
Island		▣
The Walk		▣
Pinocchio: the Origin Story		▣

3장

작가별 그림책 소개

#포인트④ 이야기에 빠져요

문자가 된 이야기

지금은 문자를 모르는 '문맹률'을 따질 만큼 문자가 보편화되었지만, 과거에는 그렇지 않았습니다. 문자는 존재했고 발전했지만 특권 계층의 소유물이었습니다. 보편적이지 않았던 시기가 훨씬 길었습니다. 문자를 아는 것은 정보를 소유할 수 있다는 것이고, 권력과 직결되어 있었습니다.

반대로 말은 수많은 이야기를 만들어냈습니다. 전해 내려오는 이야기들이 아이들을 통제하기 위해 만든 도덕적인 내용들, 지배계층을 풍자하는 내용들이라고 하더라도 이야기의 가치는 아주 큽니다. 이야기를 듣고 자라면서 말을 배우게 되기 때문입니다. 주 양육자와 대화를 하지 못했던 아이의 언어 능력이 발달할 수 없습니다. 이야기를 듣지 못했던 아이들도 당연히 그렇습니다.

전해 내려오던 이야기들이 모두를 위한 그림책이 되는 과정은 많은 시간이 필요했을 것입니다. 정보가 보편화되고 누구나 지식을 배울 수 있는 사회가 되어야 하고 아이들이 일을 하지 않아야 가능한 일이니까요. 역사적으로 모두 다른 상황을 가지고 있기에 어느 나라의 방법이 맞고 틀렸다는 이야기는 하지 않겠습니다.

분명한 것은 이야기가 그림책이 되면서 아이들에게는 귀한 친구가 생졌다는 것입니다. 그리고 이야기를 전해 듣지 못한 어른들 또한 책을 읽어줄 수 있게 되었습니다. 그림책 한 권이면 누구나 이야기를 공평하게 주고받을 수 있게 되었습니다. 인간이 소통하기 위해 만든 말과 글을 가장 잘 전달할 수 있는 것이 이야기입니다. 이야기를 도망가지 못하게 잡아둔 것이 그림책이고요. 문자가 된 이야기를 아이들에게 들려주는 것이 언어 발전의 시작입니다.

거짓말쟁이 이야기

이야기는 거짓말에서 시작되었다고 봅니다. 아무에게도 해를 끼치지 않는 무해한 거짓말입니다. 우리가 '상상'이라고 포장하는 거짓말은 이야기의 원천이라고 할 수 있습니다. 아이들은 아직 환상과 현실을 구별하지 못합니다. 토끼와 거북이가 경주를 해도 하나 이상할 것이 없고 콩쥐의 깨진 항아리를 두꺼비가 막아줘도 괜찮습니다. 일상에 발을 붙이고 있는 이야기도 많지만, 재미있는 것은 둥둥 떠다니는 환상의 이야기들입니다. 사람의 뇌를 자라게 하는 여러 가지 중, 생각하는 힘도 포함됩니다. 생각하는 힘은 '만약'이라는 말로 시작되는 거짓말에서 시작된다고 봅니다.

이야기를 듣고 읽어야 하는 이유가 여기에 있습니다. 아이들은 결국 환상과 현실을 구별하는 나이가 됩니다. 그 후에도 상상은 아이들 창의력의 원천이 됩니다. 어렸을 때 아이들이 머릿속으로 상상하던 그 습관이 새로운 지식을 받아들이고 유추와 추론으로 가는 길잡이가 되어줍니다.

눈에 보이지 않는 것을 머릿속으로 생각해내고, 상상하던 것을 현실로 꺼내는 작업을 통해서 인류는 발전해 왔습니다. 이 연습을 가장 안전하고도 쉽게 할 수 있는 행동이 책을 읽는 것입니다. 반복과 연습을 통해 육체적 운동 능력이 발달하는 것처럼 뇌를 운동시키는 것이 바로 책이라는 말입니다. 해보지 못한 것에 대해 생각하고 도전을 하게 만들어 주고 싶다면 그림책의 무해한 거짓말 세계로 들어오기를 추천합니다.

이야기에 빠지기까지

언어 습득을 위한 가장 좋은 방법은 반복입니다. 아이들은 알아서 반복을 잘합니다. 같은 책을 여러 번 들고 옵니다. 모든 책을 반복해서 보지 않지만 자기가 빠져들었던 책들은 반복하게 됩니다. 재미가 있기 때문이지요. 단순하고도 명확한 진리인데 의심하는 분들이 있습니다. 쉬운 책만 보면 실력이 늘지 않는다고 푸념하는 분도 계십니다. 저는 그분들에게 아이가 알아서 반복해주면 고마워하라고 말씀드립니다. 어른인 우리들은 반복이 얼마나 지겨운 행동인지 알고 있으니까요.

아이들을 끌어당기는 이야기들은 반복을 쉽게 만들어 줍니다. 처음에는 모든 글자와 그림들을 보지 않을 수도 있지만 여러 번 보면서 새로운 보물을 하나하나 찾아갑니다. 그 과정을 함께 해 주시는 것이 바로 언어 발전의 지름길입니다.

어려운 단어들이 많이 들어있는 그림책이 아이에게 재미가 있을까요? 그림을 보려는 아이에게 글자를 보라고 하면 눈에 들어올까요? 어려운 단어, 글자 이것들은 아직 시작하지 않아도 됩니다. 그러니 읽어주세요. 사랑스러운 엄마의 목소리로 읽어주어야 이야기에 빠지게 됩니다.

저는 어린 시절 그림책을 거의 못 보고 자랐습니다. 이 책을 읽는 어머님들은 조금 다르셨을까요? 초등학교 교실에 있는 학급문고가 귀했고, 친척에게 물려받은 색 바랜 책들이 전부였습니다. 지금 아이들이 읽는 '그림책'이라는 것 자체를 볼 수 없었습니다.

아이들과 그림책을 보면서 제가 오히려 감동했다는 이야기를 강연마다 합니다. 그림책의 이야기는 아무것도 강요하지 않습니다. 나를 보면서 지긋이 웃어주고 나를 토닥여줍니다. 그런데 아이들의 마음까지 다 독여 주면서 이야기의 세계로 이끌어줍니다.

그림책은 언어습득이라는 바다로 아이들을 데려다주는 물줄기와도 같습니다. 개울이 되었다가 강이 되었다가 호수도 되고 실개천도 됩니다. 장애물을 만나면 돌아가고 모든 생물을 품어주는 물 같은 존재라는 것을 잊지 마세요. 다양한 이야기가 담긴 그림책을 읽으면서 상상 여행을 한 친구들은 바다의 짠물이 두렵지 않을 것입니다.

#포인트⑤ 쉽지 않은 것이 정상입니다

어렵기만 한 영어책

영어 그림책 읽어주기는 보통 엄마들에게 큰 부담으로 다가옵니다. 우리는 독해 공부도 열심히 했고, 수능도 봤습니다. 쉽다고 하지만 듣기 평가도 했어요. 그랬지만 영어 원서는 본 적이 없습니다. 강연할 때면 늘 영어책 읽기에 대한 고민들을 듣습니다. 발음 걱정부터 과거형, 해석은 어떻게 해야 하나 고민합니다.

시작하기도 전에 두꺼운 벽 하나가 내 앞을 가로막습니다. 큰 용기를 내어서 쉬운 그림책들을 읽어주고 같이 봤던 엄마들도 이야기 책 앞에서는 속수무책이 됩니다. 저도 그랬으니까요. 엄마표 영어를 시작한 지 10년도 넘었는데 아직도 처음 영어책을 받았을 때의 느낌이 생생합니다.

쉽다, 어렵다를 판단하는 기준은 문자입니다. 그리고 어른의 기준입니다. 문자라는 것은 한 번 깨우치면 강력한 힘을 발휘해서 어디서나 먼저 눈에 띄게 됩니다. 내가 받은 책이 '그림책'임에도 불구하고 그림이 아닌 문자에 집중하게 되는 것이죠. 아이에게 어떻게 내용을 전달해야 하느냐가 가장 큰 고민이 됩니다.

우리는 그림책을 접해보지 못한 세대입니다. 엄마 무릎에 앉아 그림책을 봤던 엄마들이라면 고민하지 않겠지요. 엄마가 해줬던 방법으로 아이에게 읽어주면 되니까요. 그런데 우리는 그런 경험을 못 해봤기 때문에 겁부터 나는 것입니다.

물론, 그림만 보자는 말은 아닙니다. 문자를 대하기 전에 그림을 대하고, 문자를 전달하는 방법에 대해 부담을 적게 가지라는 이야기입니다. 한글 그림책을 읽어줄 때 완벽한 표준어로 읽어줘야지 하고 마음먹는 어머님들 계신가요? 내 억양이 '교양 있는 사람들이 두루 쓰는 현대 서울말'이 아니라서 고민하시나요? 절대 그렇지 않지요.

그림책을 읽어주는 것은 앞에서도 말했지만, 지식 주입이 1순위가 아닙니다. 지식을 전달해 줄 수 있는 수많은 방법 중에 하나이지만 가장 효과가 있는 방법일 뿐입니다. 아이들과 소통하고 교감하고 공감하는 자연스러운 관계 속에서 지식과 감성을 배울 수 있는 것입니다.

완벽하지 않음을 인정하기

우리는 너무 많이 알고 있기 때문에 영어책 읽기가 두렵습니다. 내가 알고 있는 표준 발음인 미국 영어에서 벗어날까 봐 걱정입니다. 부담을 내려놓으세요. 어차피 그림책을 제외하고도 영어를 접할 콘텐츠들은 많습니다. 영어 동요, 영상을 통해서 아이들은 기본적으로 미국 억양을 포함해 다양한 나라의 억양을 듣게 됩니다. 아이들은 소리 자체로 듣고 있지 엄마의 발음을 지적하지 않아요.

완벽하지 않음을 인정해야 합니다. 우리 아이가 완벽한 미국 영어 발음이 아니면 영어를 못하는 것일까요? 그리고 완벽하다는 것은 도대체 누가 정한 기준일까요. 미국이 가장 힘이 센 국가라 따라야 한다지만 그 나라 사람들도 억양이 다 다릅니다. 이야기를 함께 나누는 것이 중요하지, 전달하는 엄마의 발음이 중요한 것이 아닙니다. 엄마 발음이 안 좋다고 음원이나 CD로만 그림책을 읽어준다고 생각해보세요. 아이는 기계와 소통할 수 없습니다.

역설적이게도 가장 고민했던 부분도 이 지점이었습니다. 앞표지, 뒤표지, 내지, 제목 읽기를 다 해놓고 이제 본문을 읽으려면 두려움에 떨었습니다. 그러다가 나중엔 에라 모르겠다 하고 읽기 시작했지요. 아이들이 너무 좋아했기 때문입니다. 저의 부족한 발음을 채우려고 연기력을 키웠습니다. 이야기의 흐름에 따라 감정을 표출해주고 아이들과 공감했습니다.

기쁜 장면에서 기쁘게 읽고, 슬픈 장면은 슬프게 읽습니다. 연기하면서 읽어 주게 되면 아이들은 자기도 모르게 엄마가 읽어주는 문장들의 뉘앙스를 알게 됩니다. sad와 happy가 다른 감정임을 알게 되는 것입니다.

즉, 한글책 읽어줄 때와 마찬가지로 부담을 내려놓으세요. 만약 한글책 읽어주는 것도 어색하다면 그것은 이야기책 자체와 아직 친해지지 않은 것입니다. 내가 어렸을 때 만나지 못했던 세계를 아이들에게 보여주고 싶다면 한글책 읽어주기를 먼저 해보세요.

감정 표현이 서투르다면 천천히 부드럽게 읽어주는 연습을 먼저 하세요. 부끄러우면 말이 빨라집니다. 급하게 읽지 마세요. 한 글자씩 또박

또박 읽어주어도 좋습니다. 아이들은 우리의 영어 실력을 평가하려고 듣고 있는 것이 아닙니다. 그저 엄마가 좋아서 옆에 있을 뿐이지요.

쉽지 않습니다

그럼에도 불구하고 그림책 읽어주기를 추천하는 이유는 예전의 제가 아이들과 해왔던 것들 중에 가장 좋았던 것이 바로 이 시간이었기 때문입니다. 용기를 내서 책을 읽어준 저 자신에게 칭찬을 해 주고 싶을 정도로요. 제가 책을 읽어주지 않았다면 이 친구들이 지금까지 영어를 좋아했을까 싶습니다. 책을 그다지 좋아하지 않았던 아이들이었지만 엄마와 함께 있고 싶어서 엄마가 재미있게 읽어주어서 그나마 언어 발달에 도움이 되었다고 생각합니다.

너무 힘들고, 목도 아프고, 어렵기도 했던 책 읽어주기였지만 다시 아이들을 키운다면 이것만큼은 해 줄 것입니다. 예전보다 더 읽어줄 것입니다. 책을 들고 오는 아이에게 힘들다고 하지 않을 것입니다.

부모의 노력 없이 되는 것은 없습니다. 아이들이 어느 정도 크기까지는 더더욱 그렇지요. 뇌의 크기를 키워주고 생각하는 힘을 길러주는 과정이니 쉬울 수가 없습니다. 쉽지 않기 때문에 보람이 더 크기 마련입니다. 또박또박 읽어주어도 좋습니다. 아이들은 우리의 영어 실력을 평가하려고 듣고 있는 것이 아닙니다. 그저 엄마가 좋아서 옆에 있을 뿐이지요.

Willy에게 받는 위로

표지에서부터 윌리의 분위기가 느껴집니다. 윌리는 키가 큰 것도 아니고 체격이 좋지도 않습니다. Willy the Champ를 보면 다른 친구들에 비해 굉장히 왜소하다는 것이 보입니다. 소심하고 용감하지도 않고 무서운 친구들을 피해 다녀야 하는 상황입니다. 무서운 친구들은 윌리가 두려워하는 세상의 모습을 담고 있기도 합니다.

윌리를 보면서 마음속에 있는 약한 아이를 꺼내볼 수 있었습니다. 어른의 마음에도 와닿아 위로를 해주는 윌리는 보면 볼수록 다르게 보이는 캐릭터였습니다. 내면이 단단하고, 배려심이 많고, 포기하지 않는 윌리의 모습은 응원해주고 싶어집니다. 외모로 가지게 되는 편견을 깨주는 캐릭터이지요.

그림책을 읽으면서 윌리를 닮았다면 동질감을 느끼게 되고, 성격이 반대라면 그 또한 다른 사람을 이해할 수 있는 계기가 됩니다. 외모를 가지고 놀리는 아이들이 생각보다 정말 많습니다. 외모는 아니었지만 성빈이는 제가 만들어서 발라줬던 아토피 연고의 한약재 냄새 때문에 놀림을 받기도 했습니다.

큰아이와 닮은 캐릭터인 윌리가 겪는 이야기들을 거부하고 싶었는지도 모릅니다. 엄마의 마음으로 말이지요. 소극적인 아이가 겪게 될 미래의 모습들을 굳이 그림책으로 보고 싶지 않았습니다. 그 생각은 저의 착각이었습니다. 윌리는 아들을 위로해준 유일한 캐릭터였습니다. 성빈이가 자신과 동일시하는 캐릭터는 윌리가 처음이었습니다.

윌리는 뭔가 거창한 일을 하지 않습니다. 큰 고릴라들에게 위축되고 힘겨워하기도 합니다. 하지만 자신을 놓지는 않습니다. 윌리가 성격을 바꾸기를 바라는 것이 아니라, 자신을 스스로 인정하고 받아들입니다. 그 안에서 해결책을 찾아갑니다.

남자아이들의 작고 소중한 마음을 지켜주고 싶다면 윌리를 친구로 삼는 것을 추천합니다. 발에 땅을 디디고 살아가는 진짜 남자, 윌리를 만나게 해주세요.

감정을 따라가는 환상의 여행

 앤서니 브라운 작가의 책 표지는 아이들의 호기심을 자극합니다. 좋은 그림책의 표지는 아이들에게 말을 겁니다. 내용이 궁금하게 만들고 감정의 흐름을 보여줍니다. 그림책의 문장들을 완벽하게 기억하지 못하지만, 표지와 제목의 느낌은 시간이 흘러도 선명하게 이미지가 남게 됩니다. 좋은 그림책은 아이들의 생각을 키워주기 마련입니다.

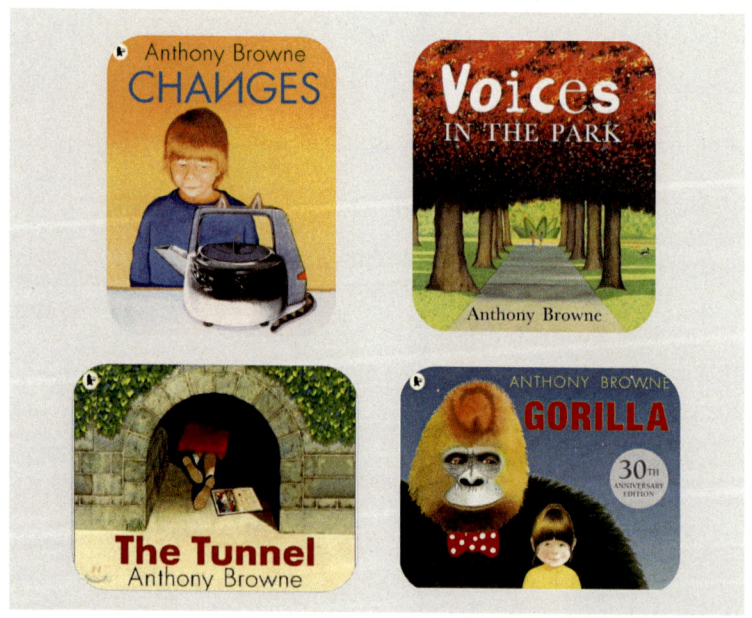

◦ 『CHANGES』

말 그대로 모든 것이 바뀝니다. 이상하게 바뀝니다. 아이의 시선이 머무는 곳마다 계속 바뀌는데요. 마지막 장면에서 그 이유가 나옵니다. 주인공에게 동생이 생긴 것이지요. 동생이 태어나는 것은 기쁜 일이지만 무조건 행복할 수는 없습니다. 주인공의 인생에 가장 큰 변화가 생기는 것이니까요. 부정적 감정을 피하지 말고, 받아들이는 연습을 하게 해 주는 그림책입니다.

◦ 『Voices IN THE PARK』

공원이라는 장소에 가는 사람들의 서로 다른 감정을 보여주는 그림책입니다. 어른들 입장에서는 당연한 일이지만 다른 사람의 감정을 이해하는 것은 쉬운 일이 아닙니다. 상황과 분위기에 따라 장소가 주는 느낌과 의미는 전혀 다르게 해석이 됩니다. 가벼운 산책이라고 쉽게 말할 수 없는 이야기입니다. 나와 다르게 세상을 보는 사람들에 대한 이해를 배울 수 있어요.

◦ 『The Tunnel』

터널을 지나가면 새로운 이야기가 펼쳐진다는 것을 우리는 알고 있습니다. 아이들도 잔뜩 기대하고 페이지를 넘깁니다. 주인공 남매도 그렇게 터널을 통과했을 것입니다. 성격이 달라 매일 부딪히는 보통 남매가 어떻게 이 상황을 받아들이는지 지켜보는 재미가 있습니다. 내용이 길고 쉽지 않습니다. 어린 친구들보다 조금 큰 아이들에게 추천합니다.

○ 『Gorilla』

바쁜 부모님을 둔 아이들이 공감할 수 있는 내용입니다. 내가 하고 싶은 것을 같이 해주는 고릴라를 만나는 한나에 대한 이야기인데요. 이 그림책을 읽어주면서 찔리는 부모님들이 많으실 것입니다. 저도 그랬으니까요. 아이들이 원하는 것은 큰 것이 아닙니다. 바쁘다는 말은 핑계인 것이 분명하니까요. 사랑하는 아이들과 시간을 함께해 주라는 경고가 기분 나쁘지 않은 그림책입니다.

◆ 책 레벨

제목	AR	Lexile®	QR 코드
Willy the Wimp	2.0		
Willy the Wizard	3.7		

Willy and the cloud			QR
Willy the Champ	1.3		QR
CHANGES	1.9		QR
Voices IN THE PARK	2.8		QR
The Tunnel	2.7		QR
Gorilla			QR

213

에릭 칼(Eric Carle)

그림책은 작가들만의 특별한 그림체가 있기 마련입니다. 가위로 잘라 붙인 것 같기도 하고 혹은 날카로운 붓으로 채색한 것 같기도 한 거친 그림체와 화려한 색은 아이들의 눈을 사로잡습니다.

엄마표 영어를 하게 되면 보기 싫어도 보게 되는 그림책 시리즈를 잔뜩 가지고 계신 할아버지 작가님입니다. 너무 유명하다 보니 굳이 일부러 보려고 하지 않았습니다. 괜한 질투라고 해야 할까요? 성빈, 한빈이가 많이 찾는 스타일도 아니었습니다. 그러던 제가 'Today is Monday'의 삽화 한 장에 마음을 열게 됩니다.

휠체어를 탄 친구가 같이 와서 친구들과 맛있게 음식을 먹는 장면이었습니다. 제가 영어 원서들을 보면서 자주 감탄했던 부분인데요. 인종, 장애에 대한 편견을 없애려고 노력하는 게 보인다는 점이었습니다. 교육을 위해 일부러 휠체어 탄 친구를 그려 넣었을 수도 있습니다. 혹은 이미 마음속에 약자를 차별하지 말아야 한다는 마음이 있으셨을 수도 있습니다. 어찌 되었든 아이들에 대한 인성 교육에 대해서는 영미권 국가가 한발 앞서 있는 것은 맞으니까요.

아이들이 보는 그림책에는 일부러라도 넣어야 하는 장면이라고 생각합니다. 우리나라는 장애인을 길에서 만날 수 없는 이유가 집 밖으로 나갈 수가 없기 때문이라는 말도 있습니다. 그림책으로 엄마표 영어를 시작하면서 아이들에게 좋은 생각을 심어줄 수 있다는 것 또한 얼마나 감사했는지 모릅니다.

그림 한 장에 대한 감동으로 시작된 에릭 칼에 대한 애정은 유치원 갈 때까지도 지속됩니다. 쉬운 문장, 재미있는 구성, 창의력인 작품들은 아이들의 영어는 기본이고 미술, 예술에 대한 창의력까지 키워줍니다.

아주 배고픈 애벌레의 변신

어린 친구들이 가장 먼저 만나게 될 'The Very Hungry Caterpillar'입니다. 이야기는 단순합니다. 알에서 태어난 애벌레가 매일 먹고 또 먹다가 나비가 되지요. 애벌레가 먹는 음식에 따라 여러 권의 그림책이 만들어졌을 정도로 인기가 좋습니다. 단단한 보드북으로도 많이 출간되었기 때문에 찢어질 염려 없이 볼 수 있다는 점도 좋습니다. 펠트 장난감으로도 만들어지고 수많은 액티비티들이 존재하는 엄청난 책이지요.

한때 문장들에 쓰인 단어 중 cocoon(고치)이라는 단어가 잘못 쓰였다는 이야기도 있었습니다. 나비 애벌레는 고치가 아니라 번데기(chrysalis)라고 해야 한다고요. 하지만 이 또한 틀린 것이 아닙니다. 일반적으로 대부분의 나비가 번데기에서 나오지만, Parnassian이라는 희귀한 나비 종은 고치에서 나온다는 인터뷰를 하셨습니다. 문학적 허용이 과학을 이겼다는 명언도 남기셨고요. 작가님 말씀처럼 애벌레가 먹는 음식들부터가 애벌레 같지 않습니다. 이 책은 아이들의 마음이 담긴 애벌레의 성장 일기니까요.

(인터뷰 이야기는 https://eric-carle.com/ 의 FAQ에서 찾아볼 수 있습니다.)

특별한 작품들

에릭 칼의 작품 세계를 생각하면 동물과 곤충들만 생각나시나요? 단순한 패턴 북이라는 생각만 드시나요? 아기들이 처음 보는 인기 있고 유명한 그림책 말고 스토리가 있는 책도 추천해 드립니다. 엄마표 영어를 지속하는 힘 중의 하나는 캐릭터입니다. 인기 있는 캐릭터의 다양한 시리즈도 좋지만, 반대로 독특한 작가의 그림체를 좋아한다면 이 또한 영어에 대한 흥미를 지속할 수 있는 도우미가 됩니다.

스토리가 있는 이야기책이라 이해까지 하기에는 시간이 걸리지만 그림과 분위기를 읽어주기에는 더없이 좋은 그림책들입니다.

◦ 『DREAM SNOW』

동물들에게 크리스마스 선물을 하나씩 전해주는 마음 착한 시골 할아버지의 이야기입니다.

◦ 『Pancake, Pancake!』

팬케이크를 한 장 구워 먹으려면 모든 재료를 다 구해 와야 하는 주인공의 이야기입니다. 고생스럽지만 슬프진 않은 옛날이야기, 음식이 귀함을 알게 해 주는 이야기입니다.

◦ 『Papa, please get the moon for me』

달을 가지고 싶다는 딸에게 달을 따다 주는 아빠의 이야기입니다. 부모의 마음을 고스란히 보여주는 그림책이지요.

◦ 『Walter the Baker』

큰 실수를 했지만 오히려 만회해서 새로운 빵을 만드는 월터의 이야기입니다. 실패해도 포기하지 말자는 교훈을 재미있는 이야기로 풀었습니다.

◆ 책 레벨

제목	AR	Lexile®	QR 코드
The Very Hungry Caterpillar	2.9		
DREAM SNOW	2.5	AD510L	
Pancake, Pancake!	3.6		
Papa, please get the moon for me	2.2	AD450L	
Walter the Baker	3.7		

#존 버닝햄(John Burningham)

그림책의 나이는 숫자에 불과합니다. 아이들은 늘 태어났고 그림책은 늘 그려져 왔습니다. 시대에 맞춰 아이들의 모습이 달라져도 아이들의 동심에는 그림책이 들어있어야 합니다. 오래된 그림책의 삽화들은 요즘의 것처럼 눈을 확 끌지 않을 수도 있습니다. 하지만 요즘의 그림에서 볼 수 없는 정서의 편안함이 분명히 있다고 생각합니다.

존 버닝햄 작가님도 돌아가신 할아버지 작가님이십니다. 이 작가님의 이야기를 언제부터 좋아해왔는지 생각해봤습니다. 아주 어릴 때는 보지 않았어요. 스토리가 있는 이야기책을 이해할 수준도 되지 않았고 너무 어렸기에 그림에도 관심을 갖지 않았습니다.

영어 그림책을 보고 3년 정도 지난 이후부터 아니었을까 합니다. 아이들이 스토리와 그림을 연결해 이해하고 깔깔거리면서 공감하는 시기는 아무도 모르게 찾아온답니다. 딱 언제라고 말할 수 없지만 한글, 영어 그림책들을 보다 보면 뚜렷하게 즐기고 있음을 느끼는 때가 옵니다.

제가 가장 좋아하는 책입니다. 누군가는 제목이 왜 이렇게 기냐며 투정 부리고, 표지의 어른 표정이 너무 무서워서 싫다고 할 수도 있습니다. 그림책의 매력은 표지에 있는 두 주인공의 위치가 달라지면서 재미를 주는 것에 있습니다. 절대로 아이보고 선생님 말씀 잘 듣고 착하게 지내라는 내용이 아닙니다. 오히려 아이를 믿지 않는 어른, 믿음을 잃고 살아가는 어른들에게 일침을 해 주는 내용입니다. 아이들에게 쾌감을 주고 어른들에게 묵직한 한방을 주는 그림책입니다.

제목처럼 존은 매일 지각을 합니다. 일찍 나와도 존에게 생기는 이상한 일들 때문에 늘 지각을 하고 선생님은 존의 말을 믿어주지 않습니다. 하지만 결국 선생님에게도 믿지 못할 일이 일어납니다. 이 그림책을 보면서 반성을 많이 했습니다. 아이들의 말을 그대로 믿지 못할 때도 있었으니까요. 뜨끔한 마음으로 그림책을 읽어주고 아이들과 웃으며 화해를 할 수 있습니다.

옛날 옛적에 검피 아저씨가 살았는데요

그리 먼 옛날은 아니라고 할 수도 있습니다. 1970년대 그려진 그림책이니까요. 그런데 저는 검피 아저씨를 만날 때마다 '옛날 옛적에 검피 아저씨가 살았어요.'라는 말이 자동으로 떠오릅니다. 2010년대도 아닌 2020년대의 아이들에게는 옛날이야기가 맞을 것입니다.

50년도 넘은 그림책의 이야기가 왜 여전히 마음을 파고들까요? 검피 아저씨는 인자하고 온화합니다. 누군가를 탓하거나 혼내는 것이 아니라 모든 것을 포용합니다. 모르는 아저씨의 모습에서 아이들은 엄마, 아빠의 모습을 찾아냅니다. 더불어 책을 읽어주는 엄마, 아빠도 검피 아저씨에게 위로를 받게 됩니다.

그림책의 분위기와 잘 맞는 수채화풍의 그림들은 마음까지 편안하게 만들어줍니다. 아이가 의기소침해 있다면 씩씩하자는 응원도 좋지만 검피 아저씨의 이야기를 통해 잔잔한 미소를 선물해 주는 것도 좋지 않을까 합니다.

사랑스러운 이야기 세계

볼이 발그레한 아이들, 어디서 본 듯한 동물들이 등장하는데 내용은 참신합니다. 제가 존 버닝햄 작가님의 그림책을 볼 때면 도대체 이런 생각은 어떻게 하지? 라는 질문을 계속 던지게 된답니다. 수수한 그림으로 보이지만 내용은 신선한 옛날이야기라고 할까요?

◦ 『Cloudland』

엄마 아빠와 산에 올라가다가 절벽에서 떨어지는데 구름 나라에 살고 있는 어린이들이 구해주는 이야기에요. 사진 위에 일러스트가 얹어진 독특한 스타일의 그림책인데요. 정말 이런 나라가 있을 것 같은 환상적인 느낌의 그림책입니다.

◦ 『Courtney』

수많은 그림책에 강아지 그림이 있는데, 왜 저는 커트니가 좋은지 모르겠습니다. 생긴 건 가장 볼품없이 생긴 강아지인데 품고 있는 마음은 거대한 바다 같은 커트니 이야기입니다.

◦ 『Mouse House』

존 버닝햄의 작품에서 어른들은 늘 뭔가 안 된다고 말하고, 반대로 아이들은 시도하고 인정하고 발전합니다. 생쥐와 더불어 살다가 독립까지 시켜주는 사랑스러운 이야기책입니다.

◦ 『The Magic Bed』

말 그대로 마법 침대를 타고 여행을 떠나는 이야기입니다. 그런데 옆에 호랑이는 왜 있는 것일까요? 주인공은 왜 또 이렇게 우리 아이처럼 생겼을까요? 존 버닝햄 할아버지의 작품은 도드라지게 예쁘고 강한 주인공이 나오지 않습니다. 정말 보통 아이들의 환상 이야기를 그리고 있지요.

◆ 책 레벨

제목	AR	Lexile®	QR 코드
John Patrick Norman McHennessy, The Boy Who Was Always Late	3.8		
Mr. Gumpy's Outing	1.7	490L	
Mr. Gumpy's Motor Car	1.8		
Mr Gumpy's Rhino			
Cloudland			

Courtney			
Mouse House			
The Magic Bed		3.4	

#줄리아 도널드슨 & 악셀 쉐플러(Julia Donaldson & Axel Scheffler)

아이들이 영어를 잘 받아들이다가도 시들해지는 시기는 찾아옵니다. 새로운 동기 부여가 필요할 때가 있기 마련입니다. '책은 그냥 읽는 거야.'가 통하지 않을 시기에 저는 아이들이 좋아하는 캐릭터와 미래를 연결시켰습니다. 한빈이는 마더구스 중에 Hickory dickory dock을 좋아했는데요. 집에 있는 책 중에 런던의 빅벤 시계탑이 그려져 있는 그림책을 보면서 영국에 가야 하니 그림책을 잘 읽어야 한다고 했습니다. 영국에 가야하는 또 하나의 이유가 있었습니다. 바로 그루팔로입니다.

험상궂은 외모와 달리 순수한 그루팔로! 줄리아 도널드슨의 글이 악셀 쉐플러의 그림을 만나면 정말 환상의 그림책이 나오게 됩니다. 그루팔로 이야기는 전 세계 100개국 이상 언어로 출판되었고 애니메이션으로 제작될 정도로 인기입니다. 꾀돌이 생쥐의 거짓말이었던 그루팔로가 '짠' 하고 나타났을 때의 재미는 말로 다할 수 없습니다. 한빈이는 그루팔로가 좋았던 건지 생쥐가 좋았던 건지는 모르겠지만, "그루팔로 보러 영국 가야지"라고 하면 다시 책을 보곤 했답니다.

그림책의 가치가 이런 데서 나옵니다. 그림책은 절대로 학습을 위한 도구가 아닙니다. 그런데 결국 '슴'의 지루함을 이겨낼 수 있는 도우미 역할을 해 줍니다. 자라나는 어린이들에게 좋아하는 그림책 캐릭터 하나는 있어야 하지 않을까요. 게임 캐릭터나 인기 유튜브 채널이 아닌 내 마음까지 달래줄 캐릭터 말입니다.

글과 그림의 조화가 얼마나 중요한지 알기 때문에 그림책은 작가 한 명이 공을 들여 쓴 책을 좋아합니다. 글과 그림이 어울리지 않는 책들을 많이 봐왔기 때문입니다. 두 분의 조합을 알게 된 후로는 편견이 많이 깨졌습니다. 이렇게 완벽할 수도 있는 것입니다! 더불어 정말 개인적인 취향을 말씀드리자면 두 분 다 다른 작가들과 협업을 많이 하셨지만, 저는 이 두 분 조합을 최고라고 생각합니다.

힘을 모아 악당을 이겨요

 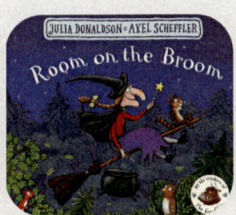 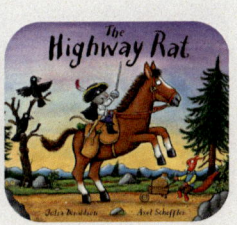

평화로운 세상을 핑계로 폭력을 허용하는 애니메이션이 많은 세상입니다. 악당과 싸우고 평화를 찾지만, 과정은 거칠게 표현이 됩니다. 어쩌면 평화로운 방식으로 해결하는 것을 좋아하지 않을 수도 있습니다. 자극적이고 화려해야 반응이 오기 때문입니다. 아직은 엄마 품에 있을 수 있는 시기에는 불가능한 해결 방법이라 할지라도 선함이 이길 수 있다는 것을 그림책으로 볼 수 있다면 참 좋겠습니다.

° 『SUPER WORM』, 『Room on the Broom』, 『The Highway Rat』

세 작품은 작가의 마음속에 아이들을 사랑하는 마음이 얼마나 들어 있는지 알 수 있는 그림책들입니다. 주인공들의 세상에 악당이 등장하고 물리치는 여느 영웅 이야기와 맥락은 같습니다. 하지만 악당을 물리치는 과정이 다릅니다. 미디어에 많이 노출된 친구들이라면 시시하다고 할 법한 방법으로 사건을 해결합니다.

대단한 영웅이 나타나 초능력으로 악당과 싸우고 물리치는 영웅 스토리는 아닙니다. 모든 등장 캐릭터들이 그 상황에서 할 수 있는 최선의 지혜를 생각해내고 행동하고 해결합니다. 보통의 등장인물들이 자기 할 일을 하고 평화를 위해 노력하는 모습을 배울 수 있습니다.

타고난 이야기꾼

줄리아 도널드슨 작가가 쓰는 글의 매력은 바로 라임입니다. 이야기가 있는 그림책을 읽어줄 때 문장이 길거나 어려우면 멈칫하게 됩니다. 아이들도 들으면서 지루해하기도 합니다. 이분의 책은 그렇지 않습니다. 라임이 있어 문장의 리듬감이 살아납니다. 아이들이 따라 하기도 아주 좋습니다.

엄마가 읽어주는 소리를 듣고 시간이 흐르면 아이가 직접 읽게 됩니다. 소리를 듣는 것은 단순한 배움 이상의 가치입니다. 긴 이야기에 접근하기 힘들다면 라임이 살아있는 그림책을 찾아주세요. 영어 그림책들은 보통 라임을 다 담고 있지만 유난히 우리 아이와 내 입에 맞는 책들이 존재한답니다.

◦ 『ZOG』

용, 공주, 기사라는 중세 시대의 뻔한 소재들을 가지고도 이렇게 새롭고 재미있는 이야기를 만들 수 있습니다. 역할과 태도에 대해 전통적인 시각이 아닌 진취적이고 현대적인 시각을 보여주는 그림책입니다.

◦ 『Tiddler』

제가 가장 좋아하는 줄리아 도널드슨의 작품은 바로 티들러입니다. 허풍쟁이 티들러가 겪게 되는 모험 이야기인데, 저는 티들러가 왜 이렇게 좋은지 모르겠습니다. 여러분의 댁에도 티들러가 한 마리 있을 거에요.

◦ 『Tabby McTat』

길고양이도 행복하게 살 수 있습니다. 반드시 CD도 함께 들어 주세요.

◆책 레벨

제목	AR	Lexile®	QR 코드
The Gruffalo	2.3		
The Gruffalo's Child	2.5	AD440L	
Superworm	2.6		
Room on the Broom	3.7		
The Highway Rat	4.0		

Zog	3.3		
Tiddler	2.2		
Tabby McTat	3.7		

모리스 샌닥(Maurice Sendak)

모리스 샌닥 작가님의 그림책은 밝지 않습니다. 엄청난 공포를 보여주는 것은 아니지만 밝고 환한 웃음이 나오지도 않습니다. 그럼에도 불구하고 작가님의 그림과 이야기가 마음에 와닿는 것은 무슨 이유일까요?

아이들의 삶에 긍정적인 감정들은 반드시 필요합니다. 행복, 사랑, 기쁨, 즐거움과 같은 긍정적인 감정들은 아이들의 마음을 편하게 해 줍니다. 정서 발달에도 반드시 필요한 감정입니다. 사랑을 받고 큰다는 것은 완전한 인간으로 자라기 위한 필수 조건입니다.

반대로 부정적인 감정을 드러내는 것에 대해서는 불편한 시선을 보이기도 합니다. 부정적인 감정 또한 아이들이 겪어야 하는 아이들의 마음임에도 불구하고 관습적인 태도로 감정을 강제하기도 합니다. 특히 우리나라에서는 더 그랬었지요. 내가 내 마음을 드러내는 것을 금기시하던 역사가 있으니까요.

부정적인 감정을 드러낼 줄 알아야 아이들의 마음이 잘 자랄 수 있습니다. 실패, 포기, 좌절, 두려움을 경험해봐야 이겨낼 수 있습니다. 아이들이 사는 세상이 꿈과 행복만 가득한 것이 아니기 때문입니다.

두려운 감정을 그림책으로 간접경험을 하면서 아이들은 감정에 대한 이야기를 엄마와 나눌 수 있습니다. 이럴 때는 어른의 입장이 아니라 엄마 또한 아이가 되어서 받아주는 것이 좋습니다. '이게 왜 무서워?', '너는 이렇게 하면 안 돼!' 등의 어른의 시선으로 평가를 하면 안 되니까요.

아이의 마음을 공감해주고 받아들여주어야 아이의 표현 능력이 커지게 됩니다. 우리가 왜 그때 무서워했을까 생각해 보면 웃음만 나는 경험들도 많습니다. 세상에 대해 몰랐기 때문에 오는 두려움은 부모와 나누는 대화와 부모에게 받는 사랑으로 이겨낼 수 있습니다.

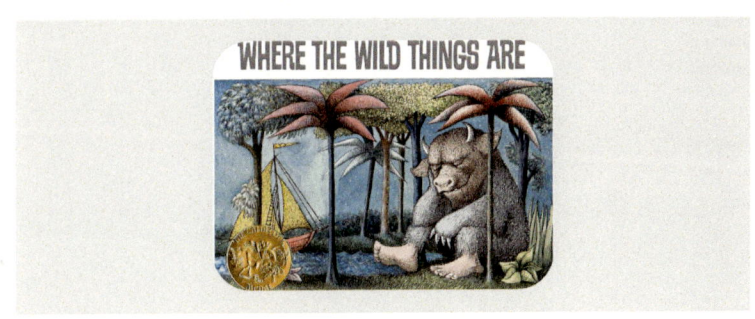

아무래도 제가 이런 분위기를 좋아하나 봅니다. 어떤 아이들은 표지의 괴물만 봐도 싫다고 하겠지요. 성빈, 한빈이는 별 거부감이 없었습니다. 엄마에게 혼난 주인공이 가출합니다. 배를 타고 괴물들이 사는 나라에 가서 왕이 되었습니다. 신나게 놀다가 엄마가 그리워지고 다시 돌아옵니다. 사실은 방에서 아이 혼자 상상을 하는 이야기였지요.

아이들이 부정적인 감정에 휩싸일 때, 그 감정을 혼자 추스르게 두는 것도 방법입니다. 굳이 달래주거나 마음을 풀어주려고 하지 않아도 아이는 스스로 해결할 수 있습니다. 다만 엄마들이 다급할 뿐이지요. 엄마가 싫다며 가출했던 아이는 엄마가 그리워서 돌아왔습니다. 이때 엄마는 아무것도 하지 않았어요. 아이에게 시간을 주었을 뿐입니다.

괴물들이 사는 나라의 괴물들은 생긴 것은 험상궂을지 모르지만 화난 어린아이를 왕으로 쉽게 받아들입니다. 아마도 '괴물' 자체가 부정적인 감정을 표현한 것이 아닐까 싶습니다. 내 감정에 내가 먹혀 버리는 것이 아니라 스스로 감정을 다스릴 줄 알게 된다는 이야기처럼 보였습니다.

또 다른 불편한 감정을 드러내다

제가 좋아하는 'In the Kitchen'입니다. 이 그림책은 애니메이션으로 먼저 접했는데 중력을 무시한 채 느리게 전개되는 이야기가 특이하면서도 아이의 마음이 느껴지면서 마음이 짠했던 기억이 납니다.

잠이 못 이루던 미키는 갑자기 환상의 나라로 가게 됩니다. 그곳은 '환상'이라고 하지만 긍정적인 장소가 아닙니다. 세 거인이 나타나 미키를 잡아먹으려 하기 때문입니다. 누군가가 나를 죽이려 하는 감정을 느껴본 적이 있나요? 그림책 속 미키는 살아남기 위해 투쟁을 하는 셈입니다. 포근한 스타일의 그림체와는 전혀 맞지 않는 이야기 구성이죠.

아이들은 이 그림책을 보면서 많이 심각해지지 않습니다. 오히려 미키가 탈출하기를 바라며 응원 합니다. 아이들의 마음속에는 긍정적인 심리가 들어있기 때문에 미키가 살아나오리라는 것을 압니다. 환상과 현실을 구분하지 못하는 영유아임에도 불구하고 불안한 환상에 빠져서 걱정하지 않습니다. 반대로 상황을 개척하는 이야기를 합니다.

아이의 누드, 아이가 잡아먹힌다는 금기시 되는 요소들을 70년대라는 시대에 드러낸 이 그림책이 가지는 의미는 클 수밖에 없습니다. 정치적인 이야기도 숨어있고요. 그렇다고 아주 심각하게 해결하는 것이 아니라 딱 어린아이들이 할 만한 생각으로 상황에서 탈출합니다.

어쩌면 어른이 되어서 걱정하는 것들 중 대부분은 쓸모없는 것일 수도 있습니다. 아이들은 부정적인 감정을 만나고도 잘 헤쳐 나갈 수 있는 바탕을 가지고 있으니까요. 내 감정을 인정하고 이해하고 다스릴 줄 아는 아이로 키우는 것이 최선이라고 생각합니다.

공포가 아닌 그림책도 좋아요

모리스 샌닥 작가님이 보여주는 캐릭터의 표정은 다양합니다. 그중에 불편한 감정을 드러내는 캐릭터들이 자주 등장합니다. 웃기도 하지만 화내기도 합니다. 그게 정상이니까요. 아이들은 하루에도 여러 번 화도 냈다가 짜증도 냅니다. 그 상황이 이해되면 다시 평온한 상태도 돌아가지요. 아이의 부정적인 감정을 받아들이기 힘드시다면 모리스 샌닥의 그림책을 같이 읽어보시길 추천드려요. 저 또한 이해하지 못하고 스스로 치유하지 못했던 감정들을, 그림책을 통해 많이 회복시켰답니다. 착한 아이로 살아야 했던 엄마라면 더더욱 추천해 드립니다.

◦ 『Alligators All Around: An Alphabet 』

제목부터 읽어보세요. 경쾌한 라임과 함께 알파벳을 배울 수 있는 책입니다. 어린 악어의 표정을 꼭 보세요!

◦ 『Chicken Soup With Rice』

1년 내내 닭고기 스프만 먹고 싶은 아이가 있습니다. 편식 교정이 아니라 월을 배울 수 있는 그림책이랍니다.

◦ 『One Was Johnny』

숫자 세기를 가르치는 것에 지치셨나요! 조니와 함께 숫자세기를 배워보세요.

◦ 『Pierre』

배고픈 사자 앞에서도 당당하게 "I don't care!'를 외치는 피에르가 어떻게 주변을 생각하는 아이로 변해가는지 보여주는 그림책입니다.

◆ 책 레벨

제목	AR	Lexile®	QR 코드
Where the Wild Things Are	3.4	AD740L	

In the Night Kitchen	2.5	AD480L	
Alligators All Around: An Alphabet			
Chicken Soup with Rice: A Book of Months	3.2		
Pierre	2.2		
One Was Johnny	1.7	500L	

레오 리오니(Leo Lionni)

옛날 옛적에도 그림책을 만들던 분들은 있었습니다. 지금으로부터 100년 전쯤 태어난 작가의 이야기라면 옛날이라고 해도 좋겠지요. 이 분은 처음부터 그림책 작가는 아니셨습니다. 화가, 광고, 일러스트레이터 등 여러 일을 하시다가 할아버지가 되시고 나서야 그림책을 그리셨다고 합니다. 콜라주를 삽화에 처음 도입한 작가이시기도 하지요.

제일 먼저 소개해 드릴 그림책은 1959년 작품입니다. 벌써 70년이 다 되어가는 그림책에서 고리타분함이 아니라 신선함을 느끼실 수 있으실 것입니다.

파란색과 노란색 동그라미가 만나는데, 이름도 가지고 있습니다. little blue와 little yellow가 만나서 무슨 일이 일어날까요?

표지를 보면서 아이들과 할 이야기가 많아집니다. 물감을 꺼내달라는 아이도 있을 것이고, 셀로판지를 잘라 오기도 하겠지요. 색의 혼합은 아이들의 눈에 마법 같은 일이니까요. 색을 섞었을 때 그림처럼 나와야 하는데 나오지 않아서 우는 일도 있을 것입니다.

미술이 아닌 다른 방향으로 이야기를 풀어가는 아이들도 있습니다. 우리 아들들은 도대체 왜 저런 그림인지를 궁금해했으니까요. 단순 색의 조합에 대한 이야기일까요? 색의 조합으로 그 이상을 말하게 될까요. 그림책의 표지만 보더라도 많은 이야기들을 나눌 수 있습니다. 이 동그라미들은 터널을 통과하고 있는지, 길을 걷고 있는지, 구름 속을 지나가는지, 혹은 땅속을 파고 들어가는 것일 수도 있으니까요.

콜라주 기법으로 표현된 이미지들이 주는 분위기는 아이들이 관심을 한 번에 사로잡습니다. 동물이나 사람이 나오지 않고 추상화 같은 이미지로도 충분히 이야기를 만들 수 있다는 점이 매력적입니다.

세상에서 가장 귀여운 생쥐들

　제가 가장 먼저 만난 작품은 'A Busy Year'입니다. 이 귀여운 표지를 보고 지나칠 수 있는 엄마들은 많지 않을 것입니다. 실제로 보면 들쥐의 징그러운 꼬리일 뿐인데 삽화 속에서는 사랑스럽지요. 이렇게 작은 과실나무는 없습니다. 하지만 그것은 문제가 되지 않습니다. 이것은 그림책이니까요!

　레오 리오니의 작품 속 생쥐들은 호기심이 많습니다. 무엇인가를 찾아다니고 궁금한 것을 해결하려고 합니다. 부지런하고, 행동을 스스럼없이 합니다. 누구를 닮은 것 같나요? 아이들의 시선으로 세상을 보면 딱 그렇지 않을까 합니다. 아이들은 어른들의 세상에 비교하자면 야생의 생쥐만큼의 크기니까요. 하지만 주눅이 들거나 도망치는 것이 아니라 새로운 것을 찾고, 도전하고, 움직임을 멈추지 않습니다.

　작품 속 생쥐들은 대부분 멋진 이름도 갖고 있습니다. 마치 우리 아이들처럼 말입니다. 그냥 mouse나 rat이 아니라 이름을 가진 주인공으로 만들어 존중의 의미를 보여준다는 생각이 들었답니다. 이분의 작품에서 느끼는 점은 바로 아이들을 사랑하는 마음이었는데요.

아이들에게 억지로 조언하는 것이 아니라 생쥐들의 삶을 보여주면서 자연스럽게 표현합니다. 세상의 크기에 비해 작지만 기죽지 않고 당당하게 살아가는 생쥐들을 보면서 아이들도 힘을 얻을 수 있을 것입니다.

작은 동물들을 사랑한 작가님

포근하고 부드러운 삽화에 비해 글의 양이 많습니다. 그림책을 많이 본 친구들에게 추천하고 싶습니다. 그림 읽기를 하고, 엄마의 목소리로 듣더라도 이해하는 부분이 있어야 재미있습니다. 너무 급하게 읽지 않아도 좋습니다. 더 커서 읽어도 좋고 읽지 않아도 좋습니다. 강요하지는 마세요

◦ 『Fish is Fish』

연못 속 친구인 올챙이가 개구리가 되어서 연못을 떠나고 난 뒤에 바깥세상을 점점 더 궁금해하는 물고기 이야기입니다. 물고기의 상상은 어디까지 이루어질까요?

◦ 『It's Mine』!

내 꺼! 이 말도 딱 우리 아이들이 자주 하는 말이지요. 모든 것이 내 것이 될 수 없습니다. 자기중심적인 아이들에게 배려를 알려주는 그림책입니다.

◦ 『Alphabet Tree』

작가님의 기발한 상상력이 돋보이는 사랑스러운 그림책입니다. 알파벳은 약하지만, 알파벳이 만나서 만든 글자들의 힘은 세지고 문장의 힘은 더 단단해집니다. 협동의 의미까지 알게 해 주는 그림책이에요.

◆ 책 레벨

제목	AR	Lexile®	QR 코드
Little Blue and Little Yellow	2.2	440L	

A Busy Year	2.7	530L	
Frederick	3.1	590L	
Tillie and the Wal	3.1	AD490L	
Nicolas, Where Have You Been?	2.9		
Fish is Fish	3.7		
It's Mine!	2.7		
Alphabet Tree	3.0		

에즈라 잭 키츠 (Ezra Jack Keats)

그림책이 보여주는 세상에 대한 시선을 살피다보면 변하려고 노력하신 작가님들이 많이 보입니다. 계급과 차별의 시대가 끝났어도 오랫동안 사람들을 묶어두었던 사상들은 쉽게 변하지 않습니다. 그 중 가장 큰 것이 인종에 대한 이야기라고 봅니다.

피부색은 본래 사는 지역에 따른 달라진 외모일 뿐이었을 것입니다. 그러나 우리가 역사를 배워서 알고 있듯이, 문명과 힘의 불평등은 엄청난 일들을 만들었습니다. 어떤 사회도 하루 아침에 변하지 않습니다. 더 이상 그런 차별을 받지 않아도 되는 세상이 되었음에도 오랫동안 사람들을 지배해왔던 우월주의는 쉽게 끝나지 않습니다.

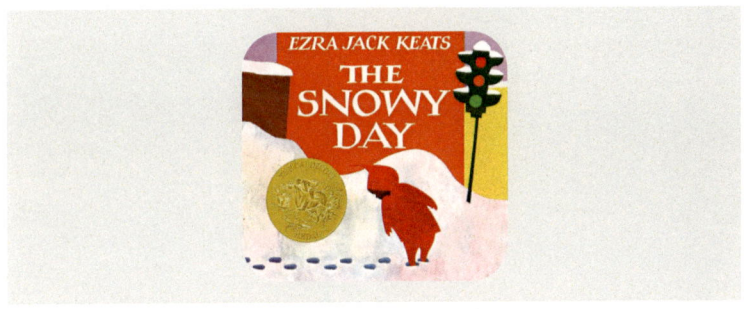

작가님의 1962년 작 'THE SNOWY DAY'는 겨울에 온 첫눈을 즐겁게 반기는 어린이의 이야기입니다. 첫 눈이 오고 동네를 탐험하는 보통 어린이의 하루입니다. 이 그림책을 특별하게 만드는 사연이 있습니다. 바로 표지의 주인공이 아프리카계 미국인이라는 것이죠. 아프리카계 미국인이 주인공으로 등장하는 첫 그림책입니다. 차별에 대한 시선은 한 순간에 고쳐지지 않습니다.

다문화주의를 미국 주류 문학에 도입한 작가라는 점도 크게 놀랐습니다. 흑인이 등장하는 그림책은 흑인 작가가 그렸을 것이라는 편견을 가지고 있었던 것입니다. 문화 예술 방면에서 수많은 작가들이 노력하면서 세상에 바른 이야기를 전하려고 노력했기 때문에 차별과 편견 없는 그림책을 우리가 만날 수 있다고 생각합니다. 아이가 맨 처음 만나는 그림책은 아이의 생각을 만드는 역할을 하게 됩니다. 좋은 그림책을 읽어야 하는 이유가 여기 있습니다. 이 그림책을 처음 보는 나이는 아마 아무 편견이 생기지 않은 나이일 것입니다. 이 그림책이 여러분의 집에서 5년이 넘게 자리 잡게 된다면 그때는 인종차별에 대한 이야기도 아이와 나눌 수 있겠지요. 그림책은 평생 아이 마음속에 살아 숨 쉬게 될 것입니다.

보통 어린이들의 이야기

작가님의 그림책에는 보통 아이들이 나옵니다. 그런데 낯설기도 합니다. 원서 그림책에서 여러 인종이 함께 나오기도 하지만 백인이 주인공인 경우가 가장 많은 것이 사실입니다. 흑인 아이들을 표현하면서 화려한 색을 쓰는 것도 매력적이었습니다. 아프리카의 민속적인 장식이나 춤을 보면 한없이 선명하고 화려합니다. 작가님의 그림책에서 보이는 색감들은 흑인의 피부색을 만나 더 매력적이고 강렬한 이미지를 만들어냅니다.

이미지는 그렇지만 이야기는 그렇지 않습니다. 피터가 동네 형을 따라 휘파람을 불고 싶은 이유는 강아지와 더 재미있게 놀고 싶어서입니다. 이런저런 방법을 시도해보고 결국은 성공하게 됩니다. 그래서 제목이 'Whistle for Willie'가 아닐까 합니다. 그런데 정말 윌리를 위한 것인가 하는 질문에서는 웃음이 피식 새어 나옵니다.

'A letter to Amy'는 표지만 봐도 무슨 내용인지 궁금해집니다. 주인공은 지금 아주 중요한 편지를 날려버리는 듯합니다. 그 편지는 Amy에게 보낼 편지겠지요. Amy는 주인공에게 중요한 사람일 것입니다. 좋은 그림책들은 표지만 봐도 하는 이야기가 굉장히 많습니다. 우리나라에서는 익숙하지 않은 'Pet Show'에 나가고 싶은 아이의 이야기입니다. 고양이를 데리고 나가고 싶은데 고양이가 없어요. 주인공이 마지막에 어떻게 하는지 보는 재미가 있는 그림책입니다.

어린이들의 일상은 전 세계가 다 비슷합니다. 문화적 차이에서 오는 다른 점도 있지만 아이들의 천진난만함은 어느 나라 다 똑같지요. 작가님이 흑인 어린이를 등장시킨 이유가 여기에 있지 않을까 합니다. 다 똑같다는 것을 말해주고 싶었던 것입니다.

다양한 감정들을 볼 수 있는 그림책

누구나 겪을 수 있는 이야기라서 더 와닿습니다. 나에게 그런 일이 일어나지 않았어도 어렵지 않게 받아들일 수 있는 소소한 이야기들, 그 안에 배려와 이해와 사랑이 들어있습니다.

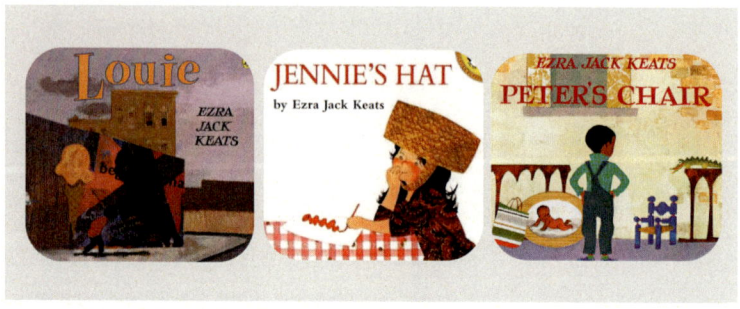

° 『Louie』

Susie와 Roberto의 인형극에 아이들이 몰려왔어요. 평소에 말이 없던 루이가 인형극에서 만난 Gussie에게 말을 걸고 친구들의 배려에 대화까지 하게 됩니다. 아이들의 배려와 마음 씀씀이에 감동받게 되는 그림책이에요.

◦ 『Jennie's Hat』

세상 화려한 모자 선물을 받고 싶었지만, 상자 안에는 평범한 밀짚모자만 들어있었습니다. 제니의 평범한 모자가 어떻게 특별하게 변하는지 지켜보세요.

◦ 『Peter's Chair』

여동생이 태어나고 모든 것을 뺏긴 것 같은 억울한 피터의 이야기입니다. 더 이상 작아서 앉을 수도 없지만 파란 의자마저 뺏기고 싶진 않은 피터의 마음을 같이 느껴보세요.

◆ 책 레벨

제목	AR	Lexile®	QR 코드
The Snowy Day	2.5	AD500L	
Whistle for Willie	2.5	AD490L	

A Letter to Amy	2.4	430L	
Pet Show!	2.2	300L	
Louie	1.7	AD460L	
Jennie's Hat	2.9	560L	
Peter's Chair	1.8	500L	

#존 클라센 & 맥 바넷(Jon Klassen & Mac Barnett)

처음에 봤을 때는 협업 작품인 줄 몰랐습니다. 일러스트에 한눈에 반해서 읽게 되었는데 이야기까지 완벽했습니다. 줄리아 도널드슨 작가님의 이야기가 악셀 쉐플러 작가님의 그림을 만나서 꽃을 피웠던 것처럼 이 두 분의 작품들도 세상에 없던 그림책들을 만들어냅니다.

그림책은 말 그대로 '그림'이 주인공입니다. 표지부터 그림이 사로잡고 글에서 하지 않는 이야기를 그림으로 표현합니다. 그렇지만 '이야기'가 얼마나 재미있고 신선한지도 중요합니다.

그림의 창의성과 이야기의 창의성 중 둘 중 무엇이 더 어려운지 우열을 가릴 수는 없습니다. 저는 이야기의 창의성이 더 어렵다는 쪽으로 손을 드는 편입니다. 그림체는 작가의 개성과 독창성을 나타냅니다. 유명한 그림을 생각하면 바로 작가가 떠오르는 것처럼 말입니다. 그림 작가는 자신의 세계를 이미지화한 캐릭터를 만들어 인정을 받게 됩니다.

반대로 이야기는 늘 새로워야 합니다. 상투적이어서도 안 되고 내가 했던 이야기를 다시 하지도 못합니다. 하나의 그림체가 완성된다고 하더라도 이야기는 늘 바뀌어야 합니다. 물론 창작의 어려움에 대해 비교하려는 것은 아닙니다. 단지 그림책에서 그림이 더 중요하게 여겨지지만 글 또한 중요하다는 것을 말씀드리고 싶은 것입니다.

저는 세 권의 표지를 보면서 감탄을 터트렸습니다. 그림책을 많이 보신 분들이셨다면 저와 같은 반응이었을 것입니다. 엄청난 작가가 나타났다는 직감이 들었습니다. 그림책의 표지에 색이 들어간 것도 아니고 배경이 화려한 것도 아닙니다. 그저 눈으로 말하고 있을 뿐입니다.

뭐라고 말하고 싶은지 궁금하신가요? 동그라미는 뭔가 의심을 하는 것처럼 보입니다. 세모와 네모는 아리송한 눈빛입니다. 나한테 하고 싶은 말이 있는 것인지, 혹은 무엇인가에 깜짝 놀란 것 같기도 하지요. 캐릭터들은 표정이 없기 때문에 보는 아이들로 하여금 상상을 펼치게 해 줍니다.

이런 기가 막힌 일러스트에 어떤 이야기들이 들어갔을까요? 뻔한 이야기가 펼쳐진다면 일러스트의 독창성마저 갉아먹는 선택이 되었을 것입니다. 말하자면 예로부터 전해 오는 그런 이야기들 말이죠. 세모, 네모, 동그라미의 이야기는 책임감, 자신감, 친구와의 우정, 다툼까지 주제는 전통적이지만 스토리의 흐름은 전혀 전통적이지 않았습니다.

좋은 그림책은 아이들에게 억지로 강요하지 않습니다. 아이마다 성격이 다르듯 성격이 판이한 도형들의 이야기를 읽다 보면 자연스레 깨우치게 되는 것들이 생길 것입니다.

행운과 불운

◦ 『SAM & DAVE DIG A HOLE』

샘과 데이브는 운이 나쁜 사람들일까요? 땅을 파기는 파는데 보석이 나오지 않습니다. 보석이 왜 안 나오는지는 책을 읽는 우리만 알 수 있지요. 보는 내내 안타까움이 드는데 큭큭 웃음이 새어 나오는 것은 막을 수가 없어요. 아이들이 특히 좋아하는 이야기랍니다.

◦ 『THREE BILLY GOATS GRUFF』

옛날이야기이지만 두 작가님의 협업은 새로움을 만들어냅니다. 두 작가의 정체성이 보이기 때문이에요. 자신의 세계를 구축한 작가들이 옛

전래동화들을 재해석하는 이야기들은 늘 재미있습니다. 지루하거나 시시하지 않고 또 다른 새 작품을 만난 느낌이 들지요. 이 이야기에서 염소와 괴물 중에 누가 행운의 주인공이 될까요?

◦ 『EXTRA YARN』

써도 써도 줄지 않는 마법의 털실은 주인공과 친구들에게 행운의 털실인 것은 분명합니다. 스웨터를 끝도 없이 짜는 소녀의 이야기를 만나보세요. 창의력이 넘치는 이야기랍니다.

세상에서 제일 재미있는 모자

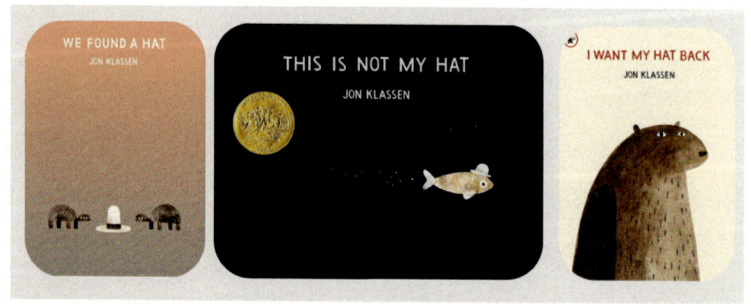

존 클라센 작가님은 협업으로도 멋지셨지만, 단독 작품 또한 빠질 수 없습니다. 이야기의 구조는 작가님의 일러스트와 많이 닮았습니다. 군더더기 없는 전개, 짧은 문장으로 주는 위트가 들어가 있습니다.

모자 하나에 얽힌 이야기인데 재미가 있습니다. 작가님의 일러스트 핵심 포인트인 '눈'으로 말하는 이야기들이 큭큭거리게 만듭니다. 왜 이렇게 재미가 있을까요? 그림과 짧은 글로 구성되어 있기 때문에 어린 친구들도 재미있게 볼 수 있습니다.

갑자기 나타난 모자를 가지려는 동물들의 심리전이 이렇게 웃길 수가 없습니다. 남의 모자를 숨겨놓고 못 봤다고 거짓말하는 물고기도 웃깁니다. 자기 모자를 돌려받으려는 곰의 이야기도 새롭지요. 아이들과 소유에 대한 이야기를 자연스럽게 나눠볼 수 있는 주제들입니다.

일러스트들이 풍기는 분위기를 통해 유추하는 재미도 쏠쏠합니다. 장면마다 보이는 감정의 변화 또한 일러스트가 책임지고 있습니다. 글자 없는 그림책을 만들어도 아주 재미있을 것 같다는 생각이 듭니다.

◆ 책 레벨

제목	AR	Lexile®	QR 코드
Circle	2.2	AD460L	
Square	2.0		
Triangle	2.1	AD310L	
Sam & Dave Dig a Hole	1.9		
The Three Billy Goats Gruff	2.9	560L	

Extra Yarn	3.2	
We Found a Hat	1.3	
This is Not My Hat	1.6	
I Want My Hat Back	1.0	

닉 샤렛(Nick Sharratt)

장난기가 가득한 그림책을 찾는다면 바로 이분입니다. 책에서 풍기는 분위기를 봐서는 이분 자체가 장난꾸러기가 아니었을까 합니다. 일러스트부터가 통통 튀고 신선합니다. 현실에서 만난다고 하더라도 미워할 수 없는 느낌입니다.

사람의 인생에서 유머가 차지하는 비중은 굉장히 큽니다. 재미가 없는 인생은 생각도 하기 싫지만, 일상을 재미로만 채우는 것은 불가능합니다. 평범한 일상에 소소한 재미가 있을 수 있어야만 하는 데, 그 역할을 책이 해준다면 정말 감사한 일입니다.

세상의 모든 엄마들이 본다면 "헉!"하고 놀랄만한 조합입니다. 상상만 해도 눈이 찡그려집니다. 하지만 아이들의 반응은 또 다르겠지요. 큭큭 거리는 아이, 맛을 상상하면서 웩하는 아이 등등 저마다의 표현을 할 것입니다.

도대체 어떤 사람이기에 저런 이야기를 생각해 낼까 하는 질문을 던지게 만든 그림책입니다. 상상력, 창의력, 유머, 장난을 모두 경험해 본 사람임에는 분명합니다.

제목부터 내용까지 실망시키지 않습니다. 윗부분과 아랫부분으로 책이 나뉘어져 있어서 당황스러운 상황들을 마구 만들어 냅니다. 심지어 애플파이에도 케첩을 올리게 되는 상황이 나오니까요. 전 세계의 어린이들이 대부분 알법한 소스로 칠 수 있는 장난은 다 치게 만들어 줍니다. 크리스마스와 케첩도 아주 잘 어울리는 이야기를 만들어 내겠지요?

데이지를 아시나요?

저는 데이지를 좋아합니다. 그렇지만 우리 아들들은 달랐습니다. 데이지에게 관심이 없었어요. 아이들의 취향이란 알다가도 모르겠습니다. 닉 샤렛 작가님의 다른 시리즈는 엄청나게 좋아했는데, 데이지는 거들

떠도보지도 않았습니다.

그래도 저는 데이지를 사랑합니다. 엄마 말을 잘 안 듣고 고집불통인 것 같이 보이지만 다르게 본다면 자아가 생겨나고 있는 것이겠지요.

엄마의 입장에서 읽어도 좋은 그림책입니다. 아이들이 커가면서 자기 주장이 생기고 엄마와 부딪히기도 합니다. 그런 상황들을 그려낸 유쾌한 데이지 시리즈를 보면서 아이와 이야기할 것들도 많아질 것입니다.

그림책은 아이들을 키우지만, 엄마를 키우기도 합니다. 엄마도 아이를 키우는 것은 처음입니다. 아이의 나이가 곧 엄마로서의 나이이지요. 내가 알고 싶은 아이들의 모습은 전문가들이 쓴 육아서에도 나오지만 그림책 안에서도 찾을 수 있답니다.

상어를 찾아봅시다

데이지는 싫어했지만 이 시리즈는 아주 좋아했습니다. 아이들이 싫

어할 수 없는 숨은그림찾기가 들어간 그림책입니다. 뜬금없이 상어와 관련 없는 곳에서 상어를 찾으라는 제목입니다.

성빈이는 왜 상어가 나오지 않느냐며 상어가 나와야 한다고 우기기도 했었습니다. 그래서 책 출판사를 통해 작가님께 메일을 보내기까지 했었지요. 작가님 마음이라고 해도 이해를 못 하던 어린 나이였으니까요. 성빈이의 첫 영어 글쓰기가 이 책 덕분이었습니다. 한글 쓰는 것도 싫어하던 아이가 낑낑거리면서 편지를 써왔답니다.

책 페이지에 동그란 구멍이 뚫려있고 그 뒤로 상어인 척 다른 물건들의 실루엣이 보입니다. 아이들은 몇 번을 보면서도 맞추는 것을 재미있어했어요. 재미있는 그림책은 소극적인 아이도 움직이게 합니다.

유쾌한 어린이들

그림책은 어른이 쓰지만 내용은 딱 아이들의 모습입니다. 작가님들의 상상력을 보면서 놀라는 것은 어른의 몫입니다. 아이들은 재밌기만 하니까요. 어린이다운 모습을 그대로 볼 수 있는 책들이 진짜 그림책입니다.

◦ 『Pants』

속옷을 자랑하는 이야기입니다. 엉뚱하지요? 음원 CD의 음원마저 다양한 버전으로 들을 수 있는 그림책입니다.

◦ 『You Choose!』

질문에 대한 답을 하기가 힘들다면 이 책을 보여주세요. 그냥 손가락으로 콕 집어 고르기만 하면 됩니다. 선택과 표현에 머뭇거리는 친구들이라면 마음이 후련해집니다.

◦ 『Unicorn Moonicorn』

제목부터 정말 사랑스럽습니다. 무니콘! 세상에서 만날 수 있는 모든 니콘들을 만나보아요.

◆ 책 레벨

제목	AR	Lexile®	QR 코드
Ketchup on Your Cornflakes?			
Ketchup on Your Reindeer			
Daisy Picture Book : You Do!	2.7		
Daisy Picture Book : 006 and a Bit			
Daisy Picture Book : Eat Your Peas	3.7		

Shark in the Park			
Shark in the Park on a Windy Day!	1.3		
Shark in the Dark	1.5		
Pants			
You Choose!			
Unicorn Moonicorn			

올리버 제퍼스 & 드류 데이월트 (Oliver Jeffers & Drew Daywalt)

저는 부드러운 그림체를 좋아하지 않았습니다. 감정이 말랑말랑해지는 분위기도 싫어했고요. 아이를 낳기 전에는 프리다 칼로나 에곤 쉴레를 좋아했습니다. 강렬한 이미지와 분출되는 감정을 좋아했습니다. 이 글을 읽고 있는 '엄마'들도 취향이 바뀐 분이 계실 것입니다.

호르몬의 영향이기도 하지만, 강렬한 이미지들이 버거운 시기가 찾아왔습니다. 스스로 강하다고 거짓말을 하면서 버티다가 무너졌습니다. 아토피는 그런 질병이더라고요.

성빈이와 한빈이의 어린 시절은 그림책과 아토피 두 가지 주제로 나뉩니다. 그림책이 있었기에 아토피를 견뎠고, 아토피를 잊기 위해 그림책을 봤습니다. 그러면서 엄마인 저의 감정도 변화가 생겼습니다. 아픈 것을 참을 줄도 알아야 하지만 아프다고 말할 수도 있어야 한다는 것입니다.

올리버 재퍼스 작가님의 그림은 한없이 유약합니다. 젊은 시절의 저였다면 절대로 보지 않았을 스타일의 그림입니다. 부드럽고 사랑스럽고 느리고 편안합니다. 이런 감정들이 있다는 것을 아이들이 알았으면 했습니다. 엄마처럼 빡빡하게 살지 않아도 된다고 말해주고 싶었습니다.

　사랑하는 할아버지가 세상을 떠나고 소녀는 마음을 닫습니다. 슬픔을 잊으려고 소녀는 심장을 꺼내 병에 넣어버립니다. 마음이 아픈 고통을 잊게 되었지만 호기심이 가득했던 마음마저 사라지게 됩니다. 이런 감정의 변화를 그림책 말고 무엇으로 채울 수 있을까요?
　영상도 사람의 말도 아닌 그림책의 그림들은 엄마가 말해주지 않는 많은 것들을 아이에게 말해줍니다. 내가 읽은 감정과 아이가 읽은 감정의 흐름은 다릅니다. 40년을 넘게 산 엄마의 마음과 아직 10년도 살지 않은 아이의 생각이 같을 수가 없습니다.
　그림책을 같이 보더라도 다른 생각을 할 수 있기 때문에 그림책은 아이를 위로해 줄 수 있습니다. 그림을 내 마음대로 받아들이면서 받는 치유의 느낌은 엄마가 줄 수 있는 것과는 또 다릅니다. 슬픔을 겪지 않은 아이는 없습니다. 그 경험을 바탕으로 소녀에게 위로를 건넬 수도 있을 것입니다. 그림과 어울리는 이야기, 혹은 이야기에 맞춰 그린 그림이 억지스러울 수도 있지만, 이 두 분의 작업은 한없이 편안합니다. 어쯤 이렇게 잘 맞는 짝을 찾을 수 있을까요. 그림과 이야기 중 무엇이 우선이었다는 말은 필요가 없습니다. 작가 한 명의 작업이라고 생각할 만큼 완벽한 그림책을 만들어 냈으니까요.

아이들이 사랑하는 주제, 크레용

크레용을 주제로 한 그림책은 많습니다. 유명한 작가님들도 많고 더 유명한 시리즈들도 많지요. 크레용은 우리 아이들의 분신과도 같은 미술 도구입니다. 나와 가까운 주변의 사물이 사람이 되어 함께 노는 상상은 누구나 해 봤을 것입니다. 아이는 자기가 가지고 있는 크레용과 그림책의 크레용을 동일하게 생각합니다. 크레용의 모험을 들으면서 아이들은 재미를 느낄 수 있습니다.

이 그림책들을 꺼내자마자 크레용을 들고 오는 아이들도 있을 것입니다. 따라 그려볼만한 그림체들이기 때문입니다. 다만 여기에서 엄마들의 고민이 생깁니다. 필기체로 흘려 쓴 이야기들이 많다 보니 읽어주기가 난감하다는 것입니다. 저 또한 필기체를 잘 몰라서 그랬었으니까요. 읽어주기가 힘들다고 해도 할 수 있는 액티비티는 많습니다. 책을 펼치고 크레용들의 여행을 따라가세요. 원래 이야기와 달라도 전혀 문제없습니다. 크레용들을 흉내 내다 보면 알파벳도 쓰고 문장도 쓰고 있을 것입니다.

작고 소중한 존재들은 우리 아이들을 대변합니다. 설명하지 않아도 아이들은 크레용이 자기들을 말한다는 것을 느끼게 됩니다. 세상에 있어서 가장 작은 존재이지만 가장 큰 가능성을 가진 아이들로 키워주세요.

동그란 얼굴 작대기 두 개 다리

화려하고 예쁘지 않습니다. 평범한 캐릭터들은 우리 아이들이 그리는 것처럼 크고 동그란 얼굴에 작은 몸통 가느다란 팔다리를 가지고 있습니다. 나와 닮은 캐릭터가 신기하고 독특한 여행을 떠난다면 당연히 따라가는 느낌일 것입니다. 흔히 말해, 마치 내가 주인공이 된 느낌을 받을 수 있습니다. 잔잔하지만 울림이 있는 이야기들을 만날 수 있습니다

◦ 『STUCK』

작가님 작품 중 가장 좋아하는 그림책입니다. 나무에 걸린 것을 빼내려고 더 큰 물건을 던지는데 자꾸 끼기만 합니다. 무엇까지 던져볼지 상상하는 재미가 있는 그림책입니다.

◦ 『The WAY BACK HOME』

장난감 비행기를 타고 우주여행을 갑니다. 불시착한 달에서 또 자기와 같은 처지인 외계인을 만납니다. 집으로 돌아왔다가 다시 우주선을 고쳐주러 가기도 하지요. 표지만 봐도 사랑스러움이 꽉 차있는 그림책입니다.

◦ 『UP and DOWN』

날고 싶은 펭귄과 펭귄을 도와주는 어린 친구의 이야기입니다. 많이 들어 본 이야기이지만 내용 전개는 생각하지 못한 방향입니다. 나는 데 성공해버린 펭귄이 내려올 줄 몰라서 고생하거든요! 내려오지 못하는 펭귄을 어떻게 도와줄 수 있을까요?

◆ 책 레벨

제목	AR	Lexile®	QR 코드
The Heart and the Bottle	2.5		
The Day The Crayons Quit	3.8		
The Crayons Trick or Treat		AD290L	

The Day the Crayons Came Home	3.3	AD550L	
The Crayons' Book of Numbers		AD440L	
Stuck	3.4		
The Way Back Home	3.1		
Up and Down	3.0		

4장

특별한 리더스와 더 많은 그림책

#포인트⑥ 리더스도 그림책인가요?

리더스도 글과 그림이 들어가 있으니, 형식으로는 그림책이 맞습니다. 그림책과 리더스의 분류 기준을 빗겨나가는 책들도 많이 출간되고 있습니다. 리더스가 그림책이다 아니다를 말하려는 것이 아니라, 리더스는 분명한 목적을 지닌 책이라는 점을 강조하려고 합니다.

읽기 훈련을 위한 목적

그림책은 작가의 세계가 창의력과 합쳐진 작품입니다. 그림책을 읽으면서 정서적 공감을 받고 간접적으로 세상을 배우기도 합니다. 다만 강제성이 없고 자연스럽다는 특징이 있습니다. 보는 사람마다 다른 느낌을 받을 수도 있습니다. 그림책으로 지식을 받아들이기도 하고, 라임을 배우기도 합니다. 하지만 이것들은 부가적으로 얻게 되는 것들이지 주 목적이라고 할 수 없습니다. 아이가 그림책을 들고 왔을 때 학습적으로 대하는 어머님들은 없을 것입니다.

리더스는 도구입니다. 읽기 능력을 연습하기 위한 책입니다. 분명한 목표가 있다는 점이지요. 그림책의 글과 달리 읽기 목적이기 때문에 같은 패턴을 가진 문장들이 반복됩니다. 문장을 반복해서 읽다 보면 파닉스, 사이트 워드, 하이 프리퀀시 워드 등 읽기 능력을 키울 때 필요한 어휘들을 습득하게 됩니다. 그림과 글에서 자유로움을 느낄 수 있는 그림책과 달리 리더스는 딱딱한 느낌도 받게 됩니다. 같은 문장을 반복해야 하기 때문에 지루하기도 합니다. 그래서 그림책으로 활용하기에는 어색하고, 잘 맞지 않습니다. 그림책을 충분히 읽어 나가는 과정에서 리더스를 만나야 합니다. 리더스가 쉽다는 이유로 아이들에게 읽어주거나 연습을 급하게 시작하면 안 됩니다. 리더스는 스스로 읽는 연습을 하는 책이지 들으면서 감동을 받는 그림책이 아닙니다.

글자를 그림이 아닌 문자로 인식하고, 책에서 봤던 알파벳을 모아 단어를 만들고 처음 보는 글자들을 읽으려고 노력할 때 파닉스와 리더스를 활용해야 합니다. 아이의 자발적인 학습 의지가 있어야 지루한 훈련을 이겨나갈 수 있습니다.

리더스의 변신

성빈, 한빈 모두 그림책을 보면서 자랐습니다. 성빈이는 파닉스와 리더스를 도구 삼아 발판을 닦았고 한빈이는 스스로 깨쳤습니다. 그림책을 보고 자란 친구들이라 하더라도 읽기에 있어서 다른 반응을 보일 수 있습니다.

아이들이 접근하기 쉽게 하기 위한 리더스들의 변신이 도드라졌습니다. 유명한 그림책들이 리더스 버전으로 재출간이 되고, 반대로 리더스로 유명해진 책이 그림책이 되고 영상이 되고 있습니다.

캐릭터 하나의 변주가 많아질수록 소비자가 선택하는 폭이 커집니다. 그림책으로 아이 둘 영어를 진행하면서 가장 놀랐던 점이 여기에 있습니다. 어쩌면 자본주의의 극치를 달리는 방법일 수도 있습니다. 유행하는 캐릭터로 다양한 상품을 만들어내는 것이니까요. 그런데 단순히 장난감의 세계와는 달리 책의 세계가 확장되는 것은 엄청난 축복입니다.

아이들이 좋아하는 캐릭터가 들어간 책의 종류가 많아질수록 읽기 능력이 상승할 수밖에 없습니다. 유명하고 인기 있는 캐릭터들을 그다지 좋아하지 않았던 성빈, 한빈이도 닥터 수스 만큼은 빠져들었습니다. 사랑하는 캐릭터 하나면 다 되는 것이니까요.

그림책을 좋아하거나 좋아하지 않거나 영어를 시작했다면 읽기 훈련의 시간은 반드시 찾아옵니다. 훈련을 도와줄 리더스를 미리 보여줄 필요는 없지만 캐릭터 리더스를 활용할 계획이라면 미리 그림책 버전으로 나와 있는 책들을 보여주는 것이 도움이 될 것입니다.

리더스는 언제부터 볼까요?

나이와 성향에 따라 다릅니다. 시기 선택에서 공통으로 생각해 보아야 할 것은 그림책을 얼마나 많이 봤느냐입니다. 리더스는 완전히 새로운 단어와 문장들을 배우는 책이 아닙니다.

내 눈에 익었던 어휘들(사이트 워드)이 음가(파닉스)와 함께 만들어진 문장이 기본이고 패턴으로 반복을 해 나가야 합니다. 우리나라도 알아야 하는 학년별 필수 어휘가 있듯이 자주 나와 1,2학년까지 익숙해져야 하는 하이 프리퀀시 워드가 단계별로 추가됩니다.

즉, 문자 인식 시기가 되어야 효과를 볼 수 있는 것이 리더스입니다. 이 시기는 아이마다 다릅니다. 그림책을 많이 봤어도 글자에 관심 없는 친구가 있기도 하고, 반대로 글자에 눈을 빨리 뜨는 아이들도 있습니다.

유념하셔야 할 것은 단어 하나 읽었다고 리더스 들어가는 것이 아니라는 것입니다. 결국은 읽게 됩니다. 성급하게 진행하지 않으셔도 됩니다. 단순 리딩은 언제든 채울 수 있는 과정입니다. 그림책에 많이 노출될수록 당연히 자연스럽게 아는 단어들도 늘어날 수 있습니다.

또 하나 기준으로 삼으셔야 할 것은 한글에 대한 관심도입니다. 한글과 영어 그림책을 많이 본 친구들은 영어도 물론 한글도 눈에 익는 글자들이 많아집니다. 두 언어의 순서를 비교하지 않아도 될 만큼 비슷하게 발전해 나갈 것입니다. 하지만 한글의 이해도가 점점 더 빨라지고 높아져야 한다는 것을 잊지 마세요. 모국어 실력 없는 외국어는 절대 성장할 수 없습니다.

Dr. Seuss의 리더스

제 전작에도 늘 나오고, 강연할 때마다 추천하고 있는 Dr. Seuss입니다. Dr. Seuss Day가 있을 정도이니 영향력이 어느 정도인지 짐작 가실 것입니다. 아이들의 읽기 능력을 키워주기 위한 책들을 많이 쓰셨는데요. 딱딱하고 재미없는 책들이 아니라 '라임'이 살아있는 문장들이 특징입니다.

성빈이와 한빈이는 닥터수스 책을 정말 좋아했습니다. 캐릭터가 못생겼다고 싫어하는 아이들도 있지만 우리 아이들은 신경 쓰지 않더라고요. 문장마다 라임 따라 부르고 읽는 것이 더 바빠서 그랬는지도 모릅니다.

너무 어린 친구들은 아직 추천하지 않습니다. 다른 리더스처럼 스토리가 들어있다면 듣기용으로도 가능할 텐데 닥터 수스의 책들은 문장을 설명하기 위한 그림들입니다. 그림체 자체가 특이하고 재미있긴 하지만 내용 이해를 도와주는 스타일은 아닙니다. 그래도 쉬운 문장부터 시작하니 음원과 함께라면 라임을 익히는 용도로는 아주 좋습니다.

그림책을 보면서 글자들을 하나씩 알아가려 한다면 음원부터 들려주시는 것을 추천합니다.

  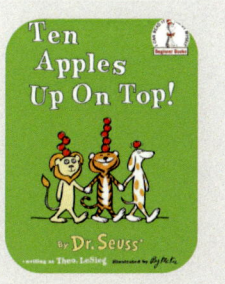

닥터수스와 처음 만날 때 추천하는 책

 닥터수스의 시리즈 중에서 'Bright and Early Board Books' 시리즈가 있습니다. 본 책들의 내용이 전부 실리지 않은 것들도 있지만 보드북 제형으로 단단하기도 하고 음원이 있어서 라임을 익히기도 좋습니다.
 리더스라 해도 책마다 수준이 다릅니다. 그림책은 아이들이 좋아한다면 레벨이 살짝 높더라도 내용 이해를 도와주고 그림 읽기를 한다면 괜찮습니다. 리더스는 결국 읽기 훈련을 위한 책이기 때문에 어렵게 접근하면 안 됩니다.
 만약, 첫 책도 엄두가 안 날 정도로 어려워하거나 싫어한다면 닥터수스 취향이 아닌 것입니다. 훈련용 교재는 굳이 싫어하는 것을 사용할 필요가 없습니다.

◆책 레벨

제목	AR	Lexile®	QR 코드
Dr. Seuss's ABC	2.1		
Mr. Brown Can Moo, Can You	1.8		
Ten Apples Up On Top!	1.2		

Pete the Cat, Fly Guy

Pete the Cat

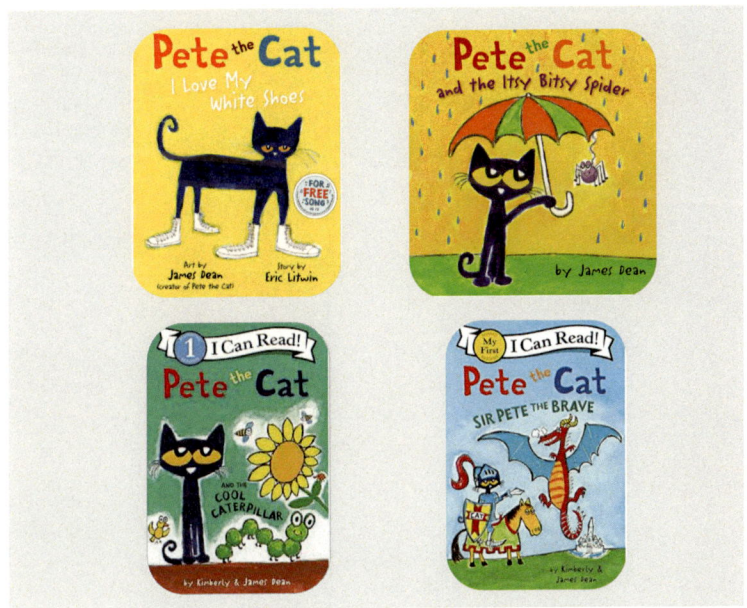

　노래도 가지고 있는 유명한 고양이입니다. 그림책으로도 리더스로도 만날 수 있습니다. 캐릭터 하나가 가진 힘이 엄청납니다. 그림책의 구성은 글의 배열이나 글씨체들이 자유분방하고 예술적이고 리더스는 조금은 정돈된 느낌입니다. 스티커 북을 따로 발매할 정도로 인기가 많은 책입니다. 아이들이 좋아하는 이유가 있겠지요? 피트에 대한 그림책을 재미있게 보았다면 리더스 연습 시기에도 충분히 활용할 수 있습니다.

특별한 일상을 사는 고양이에 대해 아이들은 관심을 많이 가집니다. 피트는 신발도 신고 다니고 우산도 씁니다. 그림책에서 당연히 그것에 관련된 표현을 배울 수도 있습니다.

Fly Guy

세상에서 가장 유명한 파리입니다. 플라이 가이를 추천했을 때 싫어

했던 친구는 많지 않았어요. 좋아했지만, 어려워하는 친구들은 많았습니다. 리더스 형식으로 만들어져서 패턴이 반복되긴 하지만 스토리도 가지고 있습니다. 어렵지만 재미있는 책의 장점은 도전 정신을 불러일으킨다는 것입니다. 아이들은 재미있어 보이는 이 책을 읽으려고 노력하고 이해하려고 노력하게 됩니다. 인기가 좋다 보니 논픽션 리더스도 만들어지고 점점 세력을 키워가는 플라이 가이입니다. 작가인 테드 아놀드는 플라이 가이 시리즈 말고도 그림책을 많이 그린 작가인데요. 우리 아이들은 플라이 가이만 좋아했답니다.

◆ 책 레벨

제목	AR	Lexile®	QR 코드
Pete the Cat I Love My White Shoes	1.5		
Pete the Cat: Pete the Cat and the Itsy Bitsy Spider	2.2		

Pete the Cat and the Cool Caterpillar	2.0	470L	
My First I Can Read: Pete the Cat Sir Pete the Brave	1.9	400L	
Fly Guy #01: Hi! Fly Guy	1.5	380L	
Fly Guy #03: Shoo, Fly Guy!	1.7	410L	
Scholastic Reader Level 2: Dogs (Fly Guy Presents)	4.1	800L	
Scholastic Reader Level 2: Fly Guy's Ninja Christmas	1.5		

#Biscuit, Clifford

Biscuit

　아이들이 사랑하는 강아지 비스킷입니다. 이름도 어쩜 이리 귀여운지요. 비스킷은 그림책보다 리더스의 느낌이 더 진합니다. 어쩌면 비스킷은 리더스를 위해 탄생한 캐릭터일 수도 있습니다. 하지만 그림책도 있으니 꼭 먼저 보기를 추천합니다. 강아지를 입양하고 강아지와 일상을 보내면서 우정을 쌓아가는 이야기는 허황되지도 않고 일상의 차분함과 행복을 소소하게 보여줍니다. 비스킷과 해변을 가고 크리스마스를 준비하고 비스켓에게 새로운 재주를 가르치는 일상의 모습이 참 따뜻합니다.

Clifford

비스킷과 달리 빨간 강아지 클리포드는 상상 속 세계에서 데리고 온 것이 분명합니다. 엄청 크거든요. 어렸을 때는 보통 강아지였지만 점점 거대해져버립니다. 불편하고 힘들 것 같지만 클리포드와 주인공은 행복하게 살아갑니다. 애니메이션으로도 만들어졌고 다양한 버전으로 출간될 만큼 인기가 아주 좋습니다. 강아지를 좋아하는데 키우지 못하는 친구라면 더더욱 추천해 주고 싶습니다. 리더스로 만들어진 캐릭터들은 일상 이야기를 하는 경우가 많습니다. 일상이야말로 아이들이 평범하게 살아가는 모습이고 그 안에서 배울 수 있는 표현이 많기 때문이겠지요.

비스킷과 클리포드 모두 리더스 스타일이 강한 그림책들입니다. 읽기 훈련을 위해 다양한 버전으로 만들어졌고, 일상과 밀접한 주제들을 많이 다룹니다. 영어를 배우면서 미국이나 영국을 비롯한 서양의 명절이나 풍습을 알려주고 싶다면 추천하는 리더스들을 잘 살펴보세요. 현실 속에서 경험하고 있는 여러 가지 풍습들을 알 수 있습니다.

◆ 책 레벨

제목	AR	Lexile®	QR 코드
Biscuit's Christmas Eve	1.6		
What Is Love, Biscuit?			

My First I Can Read: Biscuit Finds a Friend(Biscuit)	0.8		
My First I Can Read: Biscuit's New Trick(Biscuit)	1.0	160L	
Clifford's Happy Easter	1.9	430L	
Clifford Goes to Kindergarten	2.9	AD520L	
Clifford's Good Deeds	2.2		
Scholastic Reader Level 1 : Clifford Makes the Team	0.9	250L	

Little Critter, Froggy

Little Critter

처음 캐릭터를 보면 드는 생각이 있습니다. 도대체 무슨 동물이야?! 다른 그림책들처럼 뚜렷하게 보이지 않고 닥터 수스의 캐릭터처럼 작가의 상상력을 발휘한 동물 같습니다. 역시나 고슴도치, 기니피그, 햄스터 등등 설치류를 모두 섞어서 만들어낸 독창적인 캐릭터라고 합니다. 저는 고슴도치나 호저를 생각했었답니다.

평범하고 소극적이기도 한 리틀 크리터의 일상은 보통 아이들의 모습과 비슷합니다. 실수를 하고 혼이 나기도 하는 장면에서는 응원도 하게 됩니다. 읽기 연습을 오래 해도 질리지 않는 이유는 캐릭터가 힘이 있기 때문입니다. 읽기 연습처럼 지속적인 노력을 해야 할 때는 강력하고 센 캐릭터 대신 잔잔한 캐릭터가 도움이 된답니다.

Froggy

"옛날 옛적에 프로기라는 개구리가 살았어요."라고 시작해도 좋을

만큼 나이가 많이 든 개구리입니다. 나이가 많지만 현재까지도 큰 사랑을 받고 있는 캐릭터지요. 아이들이 좋아하는 캐릭터는 아이들의 모습과 닮아 있습니다. 리틀 크리터도 프로기도 특별하게 대단한 캐릭터가 아니라 보통 어린아이들의 모습을 보여줍니다. 동질감을 느끼고 공감하게 됩니다.

캐릭터의 일상이 나의 일상과 닮은 모습을 보일 때 시시하게 느끼기보다는 내 일상이 특별하게 느껴지는 마법도 일어납니다. 읽기 수준이 낮지 않고 내용도 초등학생 즈음의 일상을 보여주기 때문에 너무 어린 친구들은 추천하지 않아요. 일상의 흐름을 이해해야 재미가 있는데 전혀 모를 수 있습니다.

◆ 책 레벨

제목	AR	Lexile®	QR 코드
Just a Mess	1.5	AD480L	
The Lost Dinosaur Bone	3.1		

My First I Can Read: The Fall Festiva	1.2		
My First I Can Read: Going to the Firehouse	1.1	310L	
Froggy Goes to Bed	2.0	390L	
Froggy Gets Dressed	1.8	300L	
Froggy Plays Soccer	2.2		
Froggy Goes To The Doctor	2.5		

The Berenstain Bears, Arthur

The Berenstain Bears

캐릭터가 귀엽고 사랑스럽지만 쉽게 접근할 수 없는 베레스타인 베어스입니다. 보통의 그림책과 달리 글자들이 작고 빽빽하게 들어가 있습니다. 리딩 레벨도 2점 후반을 훌쩍 넘는 것들도 많고요. 그림책 전체 시리즈가 50권이 훌쩍 넘습니다. 얇은 그림책이어도 부담감이 상당합니다.

미국 아이들의 전통적인 일상에 대한 이야기를 들려주고 있기 때문에 문화에 대한 것을 배울 것도 많지만 반대로 그렇기 때문에 낯설고 어렵기도 합니다. 베렌스타인 베어스가 인기가 많다 보니 리더스로 출간된 것도 많습니다. 리더스는 단계별로 읽기 수준이 올라가기 때문에 그림책보다 훨씬 접근하기 쉽고 수월합니다.

Arthur

딱 봐도 형님 느낌이 물씬 풍깁니다. 베렌스타인 베어스 형제들보다

나이가 조금 더 든 친구들이죠. 책 내용 또한 쉽지 않습니다. 초등학교 중학년 정도가 된 아이들의 일상 이야기입니다. 역시나 인기가 있기 때문에 쉬운 리더스 버전으로 출간이 되었습니다. 스토리 형태로 출간된 리더스 혹은 너무 재미있어서 리더스화된 책들 뭐든 좋습니다. 다만, 아이들이 책을 접하게 될 때 책의 내용 때문에 너무 무거운 느낌을 받으면 안 됩니다. 아이의 이해 수준이 높아서 어려운 책을 읽게 해 주고 싶은 마음을 잘 알고 있습니다. 저도 그랬으니까요. 하지만 뒤돌아보면 어려운 책을 본다고 영어가 좋아지는 것이 아니었습니다.

쉽고 재미있는 책, 나와 정서의 결이 맞는 책을 꾸준히 보는 것이 도움이 되었습니다. 거기다 영어를 키우려면 한글에도 많은 신경을 써야 한다고 누누이 말씀드렸습니다. 언어는 동시에 자랄 수 있습니다. 하지만 하나의 언어가 앞서나가야만 더 효율적으로 실력이 향상될 수 있고 우리 아이들의 입장에서는 그것이 모국어라는 것 잊지 마세요.

◆ 책 레벨

제목	AR	Lexile®	QR 코드
Berenstain Bears and Too Much Junk Food	4.0		

The Berenstain Bears' Trouble with Pets	3.6	AD600L
I Can Read Level 1: The Berenstain Bears at the Aquarium	2.0	
Step Into Reading Step 1: The Berenstain Bears Ride the Thunderbolt	3.0	240L
Arthur's Christmas (An Arthur Adventure)	0.6	530L
Arthur's Birthday (An Arthur Adventure)	2.3	480L
Step Into Reading Step 3: Arthur and the School Pet	2.4	
Step Into Reading Step 3: Arthur Tricks the Tooth Fairy	2.3	500L

#포인트⑦ 레벨별 그림책 추천

　순수 그림책들뿐만 아니라 리더스들 중 그림책으로 활용하기에 부족함 없는 작품들도 실었습니다. 그림책의 난이도를 생각한다면 작가들의 작품은 0점대나 1점대에 많을 수가 없어요. 우리가 아이들에게 한글 책을 읽어주는 것을 생각해 보면 이해가 될 것입니다. 이야기가 만들어지려면 일정 수준 이상의 구조가 있어야 하고 말이 되어야 하기 때문에 쉬운 그림책의 경우 보드북이 아니면 스토리를 넣기가 힘이 듭니다. 대신 가장 낮은 단계의 리더스들이 그 역할을 할 수 있어요.

　아이가 영어를 받아들이기 힘이 들거나, 엄마가 영어가 싫다면 여기 나온 편하고 쉬운 리더스들을 먼저 도전해 보셔도 좋아요. 읽기 훈련용 책으로 나왔지만 너무나 아름다운 이야기들을 담고 있어요.

　그림책을 읽는다고 영어를 잘하게 되는 것은 아닙니다. 다만, 그림과 언어가 어울리면 아이들의 생각을 키워줄 수 있어요. 유추의 세계는 그리 만만하지 않습니다. 생각하는 힘을 기르는 게 별다른 것이 아니라 그림을 보고 이야기를 파악하고 뜻을 생각해 보는 것이 그 시작입니다.

　엄마와 대화하지 않는 아이는 다른 누구와도 대화하기 힘듭니다. 아이의 상황과 수준을 가장 잘 알고 있는 엄마와의 대화가 가장 큰 발전 동력이 됩니다. 대화거리가 없다고요? 그림책을 보면 됩니다.

　하루 1권 그림책을 읽으면 아이와 이야기할 내용이 많아집니다. 내 아이의 생각이 어떤지 어루만져 주세요. 그러면서 엄마 또한 그림책에 위로를 받을 수 있습니다. 작가의 작품을 최대한 1권씩만 실었습니다. 정말 좋을 경우 여러 권이 실리기도 했어요. 다양한 그림체들을 소개해드리고 싶었습니다. 아이들이 좋아하는 스타일의 작가라면 다른 책으로 확장해서 독서하도록 해주세요.

◆ 0점대 그림책

표지	제목 & 작가	AR	Lexile®	QR 코드
	◦ 『Shh! We Have a Plan』_Chris Haughton 선명한 색의 대비로 시선을 끕니다. 읽고 나서 대사를 따라 할 거예요.	0.8		
	◦ 『Elephant & Piggie : I Will Surprise My Friend!』_Mo Willems 설명이 필요 없는 유명한 두 친구 놀래기 장난의 결과는 어떨까요.	0.8		
	◦ 『Giggle Gang : The Doghouse』_Jan Thomas 개집으로 들어간 공을 누가 꺼내야 할까요.	0.7		
	◦ 『I Am Bear』_Ben Bailey Smith 장난꾸러기 곰 이야기입니다.	0.8		
	◦ 『Puddle』_Hyewon Yum 비 오는 날 물장난은 필수이지요.	0.8	280L	
	◦ 『A Frog and Dog Book #1 : Frog Meets Dog』_Janee Trasler 개구리와 개가 만나면 무슨 일이 생길까요?	0.6	50L	

	°『The Pink Hat』_Andrew Joyner 분홍 모자가 여기저기 여행을 다닙니다.	0.8	AD170L
	°『Share!(Bear & Hare)』_Emily Gravett 삽화가 매력적인 작가입니다. 곰과 토끼 중 누가 이겼을까요.	0.7	AD160L
	°『Aaaarrgghh, Spider』_Lydia Monks 으아아아아! 거미가 나타났어요. 무슨 일이 생길까요.	0.8	
	°『My Car』_Byron Barton 아기 그림책으로 유명한 시리즈입니다.	0.9	240L
	°『Julian Is a Mermaid』_Jessica Love 줄리안은 진짜 인어가 될 수 있을까요?	0.8	
	°『David Goes to School』_David Shannon 세상 최고의 장난꾸러기 데이비드 이야기입니다.	0.9	210L
	°『Because of an Acorn』_Lola M. Schaefer 글자는 거의 없는데 할 이야기는 산더미인 책입니다.		100L

	° 『Here Are My Hands』_Bill Martin Jr, John Archambault 신체 부위들을 배워요.		AD200L	
	° 『I Just Ate My Friend』_Heidi McKinnon 진짜 친구를 먹었을까요?	0.7		
	° 『Spring Is Here』_Taro Gomi 봄이 오는 모습을 이렇게 표현할 수도 있답니다.	0.8	210L	
	° 『3, 2, 1, GO!』_Virginie Morgand 그림책의 매력 또한 잃지 않았어요	0.9		
	° 『I Went Walking』_Sue Williams 우리 아기와 함께 산책을 가봐요.	0.7		
	° 『Frog and Fly : Six Slurpy Stories』_Jeff Mack 개구리는 파리를 먹을 수 있을까요?	0.7	130L	
	° 『I Need a Hug』_Aaron Blabey 그림책의 매력 또한 잃지 않았어요	0.9	390L	

	∘ 『Where's Baby?』_Anne Hunter 도대체 아기는 어디로 갔을까요?	0.9		
	∘ 『A Cat and a Dog』_Claire Masurel 둘은 언제까지 싸울까요?	0.8		
	∘ 『A Splendid Friend Indeed』 　_Suzanne Bloom 곰과 거위의 우정이야기.			
	∘ 『If I Had a Dragon』_Tom Ellery 누구나 꿈꾸지 않나요? 나만의 공룡!	0.8		
	∘ 『I Am So Brave!』_Sara Gillingham 어린아이의 용기는 대단한 것을 말하지 않아요.	0.8		
	∘ 『The End of the Rainbow』 　_Liza Donnelly 개구리와 개가 만나면 무슨 일이 생길까요?	0.7		
	∘ 『Drew the Screw』_Mattia Cerato 이거 싫어하는 남자 친구 없을걸요.	0.8		

	○ 『Look!』_Ted Lewin 수채화로 그려진 동물들을 감상해요.	0.3	
	○ 『Mine's the best』_Crosby Bonsall 아이들은 늘 자기가 최고라고 하지요.	0.5	
	○ 『The Busy Little Squirrel』_Nancy Tafuri 귀여운 다람쥐의 일상을 따라가 봐요.	0.9	
	○ 『Silly Lilly and the Four Seasons』 _Agnes Rosenstiehl 만화 형식의 리더스로 계절을 배울 수 있어요.	0.8	
	○ 『Late Nate in a Race』 _Emily Arnold McCully 우리 네이트는 경주에서 어떻게 되었을까요?.	0.5	
	○ 『A Hippo in Our Yard』_Liza Donnelly 갑자기 하마가 나타났어요.	0.8	
	○ 『Crow Made a Friend』_Margaret Peot 까마귀는 친구 만들기에 성공할까요?.	0.7	

	○ 『Duck, Duck, Goose!』_Jose Aruego 낙엽잎이 붙은 토끼를 다른 동물들이 코요테로 오해해 도망치는 이야기	0.6	
	○ 『Snow Joke』_Bruce Degen 눈은 늘 추억이죠.	0.8	
	○ 『Can You Find Pup?』_Vincent X Kirsch pup이 무엇일까요?	0.7	
	○ 『Cat Got a Lot』_Ethan Long 고양이는 모든 걸 다 가질 수 있을까요?.	0.5	
	○ 『Little Dinos Don't Hit』_Michael Dahl 때리면 안 되죠!	0.9	
	○ 『Ollie the Stomper』_Olivier Dunrea 표지만 봐도 아이가 할 말이 많을 거예요.	0.9	

◆ 1점대 그림책

표지	제목 & 작가	AR	Lexile®	QR 코드
	◦ 『Skeleton Hiccups』 　_S. D. Schindler, Margery Cuyler 　해골이 딸꾹질을?!	1.3		
	◦ 『That Is Not a Good Idea!』_Mo Willems 　배고픈 여우 신사가 오리 아가씨를 　잡아먹으려고 해요!	1.0		
	◦ 『They All Saw a Cat』_Brendan Wenzel 　고양이를 보는 각기 다른 시선을 　그림으로 표현했어요.	1.9		
	◦ 『Blackout』_John Rocco 　바쁜 가족들은 정전이 되어서야 　한자리에 모일 수 있습니다.	1.0	330L	
	◦ 『SNOW』_Uri Shulevitz 　눈이 오기 시작하고 　마을의 풍경이 달라져요.	1.6	340L	
	◦ 『Smell My Foot!(Chick and Brain)』 　_Cece Bell 　브레인과 칙의 통하지 않은 대화, 　그런데 재미있네요.	1.6	AD380L	

	˚『RAIN』_Sam Usher 수채화 느낌의 비 오는 날 상상에 빠지기 좋은 날입니다.	1.9	
	˚『My Teacher is a Monster! (No, I am not)』_Peter Brown 선생님은 진짜 괴물일까요? 사랑스러운 반전이 있는 책	1.7	
	˚『Noisy Night』 _Mac Barnett, Brian Biggs 도시의 밤은 늘 시끄럽습니다. 여러분의 집은 조용한가요?	1.8	
	˚『Leo the Late Bloomer』 _Jose Aruego, Robert Kraus 제목에 반해서 봤었던 그림책입니다. 내용도 아주 아름답습니다.	1.2	120L
	˚『I Don't Want to Be a Frog』 _Dev Petty 개구리가 되기 싫은 개구리의 이야기	1.6	AD380L
	˚『Mr. Tiger Goes Wild』_Peter Brown 호랑이씨는 왜 야생으로 돌아갔을까요?	1.5	
	˚『The Happy Day』 _Marc Simont, Ruth Krauss 흑백 표현이 멋진 그림책입니다.	1.3	

	◦ 『Let's Play』_Herve Tullet 창의력과 상상력이 풍부해지는 책. 색깔 구슬의 여행입니다.	1.8	AD360L	
	◦ 『It's Okay To Be Different』_Todd Parr 다른 것이지 틀린 게 아니라는 것을 배울 수 있는 그림책입니다.	1.7	AD200L	
	◦ 『Life on Mars』_Jon Agee 화성에는 누가 살고 있을까요? 살고 있는 게 맞을까요?	1.4		
	◦ 『Wolfie the Bunny』 　_Ame Dyckman, Zachariah Ohora 토끼 집안에 입양된 늑대! 소통과 입양에 관한 편견을 깨 주는 이야기입니다.	1.8		
	◦ 『The Carrot Seed』_Ruth Krauss 그림책의 고전인 명작.	1.9	AD400L	
	◦ 『The Spoon Series #3: Straw』 　_-Amy Krouse Rosenthal, Scott Magoon 시리즈 모두 다 재미있어요. 빨대는 왜 저런 표정을 짓고 있을까요?	1.9		
	◦ 『Vegetables in Underwear』 　_Jared Chapman 음식과 팬티! 어울리지 않지만 재밌습니다	1.9		

	°『The Bear in My Family』_Maya Tatsukawa 곰과 나는 진짜 가족이 될 수 있을까요?	1.0	AD280L
	°『We Are Growing!』_Mo Willems 코훌이를 좋아한다면 이것도 당연히 좋아합니다.	1.1	270L
	°『Where's Halmoni?』_Julie Kim 그랜드마더가 아닌 할머니!	1.7	GN320L
	°『Big』_Vashti Harrison 무엇이 이렇게 큰 것일까요?	1.7	
	°『Roller Coaster』_Marla Frazee 그림책의 매력 또한 잃지 않았어요	1.8	
	°『In Every Life』_Marla Frazee 모든 삶은 축복받아 마땅하지요.	1.6	AD200L
	°『Piranhas Don't Eat Bananas』_Aaron Blabey 바나나를 먹을까요? 안먹을까요?	0.8	

	° 『Not Now, Bernard』_David Mckee 버나드는 누구일까요?	1,4	
	° 『Ben & Bella : This Book Just Ate My Dog!』_Richard Byrne 책이 내 개를 먹었다고요?	1,4	
	° 『Stop Snoring, Bernard!』_Zachariah Ohora 이 친구는 또 무슨 잘못을 하고 있을까요?	1,6	
	° 『Clothesline Clues to Jobs People Do』_Kathryn Heling 옷을 보고 무슨 일을 하는지 맞춰봐요.	1,5	
	° 『Betty Goes Bananas』_Steve Antony 배가 고픈데 바나나가 까지지 않아요.	1,6	
	° 『Is There a Dog in This Book?』_Viviane Schwarz 고양이들은 책 어디에 있는 것일까요?	1,5	
	° 『Underwear!』_Jenn Harney 속옷 이야기만 나오면 아이들은 왜 이렇게 좋아할까요?	1,2	

	° 『The Dog Who Cried Wolf』 _Keiko Kasza 강아지는 왜 늑대처럼 울까요?	1.8	
	° 『Hondo & Fabian』_Peter McCarty 강아지와 고양이에게 어떤 일이 일어날까요?	1.5	AD350L
	° 『Cat Problems』_Lane Smith 고양이는 너무해요!	1.9	
	° 『We're All Wonders』_R.J. Palacio 영화도 챕터북도 한글책도 그림책도 다 추천입니다.	1.7	AD370L
	° 『Goodnight Moon』 _Margaret Wise Brown 명작 중의 명작입니다. 따뜻하고 포근한 그림책.	1.8	
	° 『Waiting』_Kevin Henkes 무엇을 기다리고 있을까요?	1.9	

◆ 2점대 그림책

표지	제목 & 작가	AR	Lexile®	QR 코드
	° 『Pete's a Pizza : A foolproof recipe to cheer you up!』_William Steig 이 피자 한 번 만들고 나면 계속 만들어 달라고 합니다.	2.4		
	° 『Stuff』_Margie Palatini, Noah Z. Jones 물건을 모으기만 하고 버리지 못하는 토끼 이야기입니다.	2.4		
	° 『Leave Me Alone!』_Vera Brosgol 육아를 하던 제가 가장 많이 말하던 말이었지요! 공감하시나요?	2.9		
	° 『Bear Came Along』 _LeUyen Pham, Richard T. Morris 곰이 강을 따라 떠내려가면서 여러 일을 겪어요.	2.1		
	° 『When Things Aren't Going Right, Go Left : StoryPlus』_Peter H. Reynolds, Marc Colagiovanni 여러분은 왼쪽으로 가실 건가요?	2.4		
	° 『The Cow Who Climbed a Tree』 _Gemma Merino 소가 나무에 매달려 있는 이유를 들어보는 것도 좋을 듯싶습니다.	2.2		

	제목	레벨	Lexile	QR
	° 『Elmer's Christmas』_David Mckee 유명한 색깔 코끼리 엘머입니다. 우리 집에서는 인기가 없었지만 책이 담고 있는 이야기는 좋아요.	2.4		
	° 『Hey, Water!』_Antoinette Portis 물의 상태변화를 이야기로 풀어놓은 귀여운 그림책입니다.	2.0		
	° 『Our Universe : Sun! One in a Billion』 _Stacy McAnulty 우주에 관심이 있다면 살짝 어려워도 도전할 수 있습니다.	2.8	AD360L	
	° 『The Giving Tree』_Shel Silversteinr 우리 아이에게 아낌없이 주는 나무를 원서로 읽어주세요.	2.6	530l	
	° 『Our Universe : Ocean! Waves for All』 _Stacy McAnulty 환경보호와 바다에 관한 이야기입니다.	2.7		
	° 『Popcorn(A Frank Asch Bear Book)』 _Frank Asch 시리즈 모두 리닝 레벨이 높긴 하지만 평범한 일상 이야기라 접근하기 쉽습니다.	2.3	AD500L	
	° 『Outside In』_Ruth Krauss 그림책의 고전인 명작	2.3	AD490L	

	° 『The Boy with Flowers in His Hair』 　_Jarvis 어떤 사연이 있는 주인공인지 생각해 보세요.	2,2	
	° 『Leonardo the Terrible Monster』 　_Mo Willems 세상에서 가장 한심하고 무섭지 않은 괴물 이야기입니다.	2,3	
	° 『What Is Love?』 　_Mac Barnett, Carson Ellis 사랑은 어디 있는 것일까요?		AD450L
	° 『Nana in the City』_Lauren Castillo 도시에 사는 할머니와 함께 도시 여행을 떠나 보아요.		AD360L
	° 『Have You Ever Seen a Flower?』 　_Shawn Harris 회색 도시를 떠나 꽃을 찾으러 가요.		AD490L
	° 『Perfect Square』_Michael Hall 완벽한 사각형을 찾을 수 있을까요?	2,2	AD470L
	° 『Not Norman : A Goldfish Story』 　_Kelly Bennett, Noah Z. Jones 맘에 들지 않는 반려동물을 선물 받은 주인공의 반전 이야기	2,4	460L

	◦ 『Eraser』_Anna Kang 친구들의 오점을 고쳐주지만 하나의 역할만 하는 것이 속상한 지우개의 이야기	2.0		
	◦ 『My Big Shouting Day』_Rebecca Patterson 뭐가 그렇게 화가 났을까요?	2.9		
	◦ 『This Quiet Lady』_Anita Lobel 엄마가 아기였을 때부터 이야기는 시작됩니다.	2.3	AD430L	
	◦ 『Hush! A Thai Lullaby』_Minfong Ho 아기 재워야 하는데 방해꾼이 너무 많아요.	2.0	AD600L	
	◦ 『Miss Nelson Is Missing!』_James Marshall 선생님은 어디로 가셨을까요?	2.4		
	◦ 『Interrupting Chicken』_David Ezra Stein 표지만 봐도 아빠의 마음을 알 수 있어요.	2.2	AD510L	
	◦ 『Marvin Wanted More!』_Joseph Theobald 마빈은 무엇을 계속 더 원하는 것일까요?	2.9		

	° 『Giraffe Problems』_Lane Smith 목이 길어 슬픈 기린의 이야기에요.	2.4	
	° 『The Sheep Who Hatched an Egg』 _Gemma Merino 누가 도대체 머리에서 깨어났을까요?	2.7	
	° 『Again!』_Emily Gravett "다시!"를 외치는데 안 들어주면 큰일이 납니다.	2.6	
	° 『Superhero Parents : Superhero Dad』 _Timothy Knapman 모든 부모님은 슈퍼맨이죠!.	2.7	
	° 『The Adventures of Beekle』_Dan Santat 베키는 어떤 환상적인 모험을 떠날까요?	2.3	
	° 『Kitten's First Full Moon』_Kevin Henkes 고양이는 왜 달을 먹을 생각을 했을까요?	2.3	AD450L
	° 『Tiny T. Rex and the Very Dark Dark』 _Jonathan Stutzman 귀여운 티렉스가 첫 야외취침을 하려고 해요.	2.2	

『Bear and Mouse: A Bedtime for Bear』_Bonny Becker 곰이 잠을 자지 못하는 이유가 무엇이었나요?	2.7	AD520L	
『If the Dinosaurs Came Back』_Bernard Most 만약 공룡이 다시 살아난다면?	2.9	AD450L	
『Happy Birthday, Moon(A Moonbear Book)』_Frank Asch 달님과 대화하는 방법이 참 독특합니다.	2.6	440L	
『I'm Trying to Love Spiders』_Bethany Barton 거미와 사랑?!	2.5		
『Dinosaurs, Dinosaurs』_Byron Barton 공룡 좋아하는 사람 손!	2.9	AD470L	
『Leo: A Ghost Story』_Mac Barnett 유령친구 만들이 볼래요?	2.9		

◆ 3점대 그림책

표지	제목 & 작가	AR	Lexile®	QR 코드
	° 『The Sour Grape』 _Jory John, Pete Oswald 시큼한 포도 친구의 성격은 어떨까요?	3.1		
	° 『Snowmen At Night』 _Mark Buehner, Caralyn Buehner 눈사람이 밤에 무엇을 하고 놀지 상상해 보세요	3.0		
	° 『Last Stop on Market Street』 _Matt de la Pena, Christian Robinson 무료 급식소로 봉사를 가는 할머니와 손자가 나누는 따뜻한 대화 그림책입니다.	3.3		
	° 『Dog Breath』_Dav Pilkey 입냄새가 지독한 강아지와 함께 살고 싶은가요?	3.4	800L	
	° 『Chrysanthemum』_Kevin Henkes 이름 때문에 놀림당하는 아이의 감정 극복 이야기예요.	3.3	570L	
	° 『It Fell From The Sky』 _Terry Fan, Eric Fan 하늘에서 떨어진 것은 무엇일까요?	3.7		

	○ 『Me… Jane』_Patrick McDonnell 위대한 학자 제인 구달의 전기입니다. 보통의 전기와는 분위기가 다릅니다.	3.2	AD740L
	○ 『The Tiger Who Came to Tea』_Judith Kerr 호랑이가 차와 간식을 먹으러 왔습니다. 대접하실 건가요?	3.2	
	○ 『Tidy』_Emily Gravett 깔끔쟁이 오소리가 숲을 지키려고 합니다.	3.0	
	○ 『Corduroy』_Don Freeman 외로운 곰 인형이 자기의 가치를 찾게 되는 이야기입니다.	3.5	600L
	○ 『Doctor de Soto』_William Steig 현명한 의사 선생님의 통쾌한 복수극!	3.6	AD560L
	○ 『Lizzy and the Cloud』_Terry Fan, Eric Fan 구름 장수에게 구름을 산 정성껏 돌보는 리지, 리지는 행복해질 수 있을까요?	3.8	
	○ 『Stone Soup』_Marcia Brown 그림책의 고전인 명작	3.3	AD550L

	° 『Finding Winnie: The True Story of the World's Most Famous Bear』 _-SophieBlackall, Lindsay Mattick 위니더 푸의 실존 모델의 이야기	3.4	AD690L
	° 『The Big Orange Splot』_Daniel Pinkwater, Daniel Manus Pinkwater 규격화된 세상에 창의성이라는 질문을 던지는 그림책	3.2	550L
	° 『Love You Forever』_Robert Munsch 아이 때문에 미치겠지만, 그래도 어쩌겠어요 사랑하는데.	3.4	AD780L
	° 『The Empty Pot』_Demi 꽃을 사랑하는 한 소년의 감동적인 이야기입니다.	3.8	AD630L
	° 『Strega Nona』_Tomie DePaola 노나 할머니의 냄비에 얽힌 재미있는 이야기	3.9	AD730L
	° 『Crictor』_Tomi Ungerer 할머니에게 초록뱀이 반려동물로 찾아왔어요.	3.4	AD720L
	° 『Anatole』_Paul Galdone, Eve Titus 용감한 쥐 아나톨의 이야기 생각할 거리가 많습니다.	3.9	AD680L

	『Baby Brains: The Smartest Baby in the Whole World』_Simon James 모든 아이는 천재!	3.5		
	『The Gardener』_David Small 우울한 도시에서 싹트는 희망 이야기	3.9	AD570L	
	『Ruby The Copycat』_Peggy Rathmann 자꾸 안젤라를 따라 하는 루비의 속마음은 무엇일까요?	3.1		
	『Officer Buckle and Gloria』 _Peggy Rathmann 경찰관 버클과 글로리아의 이야기 생각할 것이 많아요.	3.4	570L	
	『Those Shoes』_Maribeth Boelts 가난해서 유행을 따르지 못하는 아이에 대한 이야기	3.1	AD550L	
	『The Barnabus Project』_Terry Fan 비밀 실험실에 갇힌 통통늘에 대한 이야기	3.4		
	『Watercress』_Jason Chin 동양계 미국 이민 가족의 슬픈 이야기	3.7	AD610L	

	° 『A Bad Case of Stripes』_David Shannon 무지개색으로 변하는 질병이라니! 어떻게 고칠까요?	3.8	AD610L
	° 『I Talk Like a River』_Sydney Smith 수채화같이 아름다운 그림책	3.1	
	° 『The Selfish Crocodile』_Faustin Charles 정말 정말 이기적인 악어 이야기	3.5	
	° 『A Sick Day for Amos Mcgee』 _Philip C. Stead 아모스 아저씨가 출근을 못 하면 어떤 일이 생길까요?	3.0	AD580L
	° 『The Bear and the Piano』 _David Litchfield 숲에서 피아노를 발견한 곰은 피아노 연습을 시작해요.	3.5	
	° 『The Missing Piece』_Shel Silverstein 잃어버린 조각은 어디 있을까요?	3.2	AD480L
	° 『Shrek!』_William Steig 여러분이 아시는 바로 그 슈렉!	3.9	AD670L

	제목		QR
	° 『One Fine Day』_Nonny Hogrogian 여러분에게 좋은 날은 어떤 날인가요?	3.5	AD930L
	° 『100th Day Worries』_Arthur Howard 걱정이 많아 걱정인 주인공의 걱정이야기	3.0	550L
	° 『The Runaway Pea』_Kjartan Poskitt 콩은 어디로 도망갈 수 있을까요?	3.7	
	° 『The Happy Lion』_Roger Duvoisin 동물원 밖으로 나온 사자의 이야기	3.9	
	° 『The Koala Who Could』_Rachel Bright 코알라는 무엇을 할 수 있을까요?	3.0	
	° 『The Ocean Calls : A Haenyeo Mermaid Story』_Tina Cho 해녀는 인어가 맞지요.	3.2	

영어 독서는 타이밍이다

초판 1쇄 발행 2025년 3월 21일

지은이 김은경
펴낸이 곽유찬

이 책은 **편집 손영희 님, 표지디자인 SSI디자인 님,
본문디자인 곽승겸 님**과 함께 진심을 다해 만들었습니다.

펴낸곳 레인북
출판등록 2019년 5월 14일 제 2019-000046호
주소 서울시 서대문구 홍은중앙로3길 9 102-1101호
이메일 lanebook@naver.com
*북클로스는 레인북의 브랜드입니다.

ISBN 979-11-93265-60-4 (03700)

*책값은 표지 뒤쪽에 있습니다.
*잘못된 책은 구입하신 서점에서 교환해드립니다.
*이 책은 저작권법에 의하여 보호를 받는 저작물이므로 무단 전재와 복제를 금합니다.